DANIEL
KRAUSE

TATTOO
KRAUSE

Deutschlands
prominentester
Tätowierer sticht zu

Droemer

Besuchen Sie uns im Internet:
www.droemer.de

Copyright © 2011 by Droemer Verlag.
Ein Unternehmen der Droemerschen Verlagsanstalt
Th. Knaur Nachf. GmbH & Co. KG, München.
Alle Rechte vorbehalten. Das Werk darf – auch teilweise –
nur mit Genehmigung des Verlags wiedergegeben werden.
Text aufgezeichnet von Christian Lütjens
Herausgeber: Ulf Meyer zu Kueingdorf
Layout und Satz: Michaela Lichtblau
Druck und Bindung: Kösel, Krugzell
Printed in Germany
ISBN 978-3-426-22607-0

2   4   5   3   1

*Für alle toleranten, offenen Menschen,
die verstanden haben, dass Anderssein
nichts Schlechtes ist. Wir sind alle
auf unsere eigene wunderbare Art einzigartig
und wollen es auch sein …*

EINLEITUNG

Hey Leute,

ich weiß genau, dass jetzt manche denken: Ach du Schreck, der Typ mit der Glatze, den Tattoos und dem komischen Zopf im Nacken, jetzt schreibt der auch noch ein Buch! Ich kann's verstehen. Wenn mir vor zwanzig Jahren jemand erzählt hätte, dass ich mal Tätowierer werde, im Fernsehen auftrete und ein Buch schreibe, hätte ich auch gesagt, der spinnt. Aber seit ich vor zwölf Jahren meinen ersten Tattooladen in Berlin eröffnet habe, sind viele Geschichten in mein Leben geknallt, die ziemlich unglaublich sind. Manche habe ich selbst erlebt, manche wurden mir von meinen Kunden erzählt, aber irgendwie haben sie alle mit Tattoos zu tun. Da bin ich irgendwann von Daniel Krause zu Daniel Grimm geworden, der all diese Geschichten sammelt und wiedergibt.

Glaubt mir, ich habe viel über dieses Projekt nachgedacht, hab auch recherchiert, was es schon für Tattoobücher gibt. Da findet man meistens Selbstdarstellungen von

Spitzentätowierern, die versuchen, die tolle Tattoowelt zu erklären. Für meinen Geschmack kommt dabei aber immer zu kurz, dass Tattoos mit Emotionen verbunden sind. Und zwar nicht nur für die großen Tattoogötter, die zugeschwartet sind bis zum Get-no, sondern besonders für die ganz normalen Kunden, die täglich zu mir in den Laden kommen.

Es ist doch so: Tattoos sind in den letzten Jahren zum Mainstream geworden. Auf meinem Stuhl sitzen Anwälte, Ganoven, Nutten, Makler, Promis und Normalos – Menschen aus den unterschiedlichsten sozialen Schichten also. Aber wenn die Nadel erst mal in der Haut steckt, sind sie alle gleich. Und sie fangen an, ihre Geschichten zu erzählen. Okay, sie machen auch noch ganz andere Sachen, aber dazu komme ich später. Fakt ist: Als Tätowierer bist du Psychologe, Heilpraktiker, Krankenschwester, Maschinenbauer und Künstler in einem. Du musst sensibel mit den Problemen der Kunden umgehen, du musst ihnen erklären, wie sie die Tattoowunde nach der Sitzung pflegen, du musst sie versorgen, wenn sie dir vom Stuhl kippen, du musst dein Handwerk beherrschen und vor allem Kunst auf die Haut bringen, die die Kunden auch in zehn Jahren noch schön finden. Da steckt viel Verantwortung drin, die gerade von Leuten, die Tattoos ablehnen, gar nicht gesehen wird. Die stempeln uns Tätowierer als Assis und Gangster ab und denken, wir sitzen den ganzen Tag saufend und vögelnd in unseren Läden und kratzen den Kunden nebenbei rülpsend irgendwelche Bildchen in die Haut. Diese Klischees haben Tradition und teilweise auch einen wahren Kern, aber sie passen nicht mehr in die heutige Zeit. Das ist mein eigentlicher Antrieb, dieses Buch zu schreiben. Ich will klarstellen, dass Tattoos nichts mit Asozialität zu tun haben und dass sie als Ausdruck von Individualität Respekt verdienen. Nicht umsonst ist die Branche in der letzten Zeit explodiert. In Deutschland hat sich die Anzahl der Tattooläden in den vergangenen fünf Jahren verzehnfacht, 37 Prozent aller 15- bis 35-Jährigen sind tätowiert, und 65 Prozent der Leute, die sich einmal unter die Nadel legen, tun es auch ein zweites Mal.

Auch das Fernsehen hat die Branche für sich entdeckt und bietet mir mittlerweile die Gelegenheit, ihr Botschafter zu sein. In der Tattooszene ist das nicht unumstritten. Da gibt es viele, die sagen: »Was spielt sich der Vogel denn jetzt hier als Top-Tätowierer auf?« Totaler Quatsch. Ich habe nie von mir behauptet, dass ich der beste Tätowierer Deutschlands bin. Dass ich mittlerweile der bekannteste bin, ist eine andere Geschichte und hat damit zu tun, dass ich mein Ding konsequent durchziehe und dabei trotzdem den Mut habe, neue Wege zu beschreiten. Jetzt also mit einem Buch – so kurios ich es selber finde.

Es ist noch gar nicht so lange her, da habe ich bei wichtigen Geschäftsterminen versucht, meine Tätowierungen zu verstecken. Ich hab darauf geachtet, um jeden Preis Hochdeutsch zu sprechen, und es wäre mir im Traum nicht eingefallen, irgendjemandem außer meinen engsten Freunden etwas aus meinem Leben zu erzählen. Heute sitze ich hier und ballere 200 Seiten voll.

Manchmal hab ich das Gefühl, dass ich von allen Göttern und Übervätern, die in irgendwelchen Bibeln stehen, ein Experiment bin. Vielleicht sitzen im Himmel drei Opas mit 'ner Pulle Bier zusammen auf 'ner Wolke, lachen sich tot über mich und schließen Wetten ab, wie weit sie es mit einem Assi wie mir noch treiben können. Ich mache mir einen Spaß daraus. Und wenn ich dabei noch die Möglichkeit habe, Oma Hilde von nebenan ein paar ihrer

Vorurteile gegen Tattoos zu nehmen, oder dem Firmenboss aus der Chefetage klarmache, dass vielleicht sogar seine zuverlässigsten Angestellten tätowiert sind, hat es sich schon gelohnt. Wenn sie dann auch noch verstehen, dass Tattoos ein Zeichen von Emotionalität, Kunstverständnis und Charakterstärke sind, hab ich mein Ziel erreicht. Und wenn Oma Hilde und der Firmenboss erst nebeneinander in meinem Laden auf der Couch sitzen und auf ihren Tattootermin warten, sag ich nur: Willkommen in der Zukunft. Denn so viel steht fest: Tattoos sind mehr als nur ein Trend. Sie sind eine Lebensform. Um das mit dieser Sicherheit sagen zu können, hab auch ich ein paar Jährchen gebraucht. Also, keinen Stress. Macht's einfach wie die Opas auf der Wolke: Pulle auf, umblättern und Wetten abschließen, ob der Typ mit der Glatze und den Tattoos wirklich so viel zu erzählen hat, dass er es bis auf Seite 200 schafft. Ihr werdet euch wundern.

Euer Tattoo-Krause

ICH, KRAUSE

»Bestehen, Gegenhalten, Argumente finden
und alle Kritiker Lügen zu strafen,
das ist mein Motor.«

Für alle, die es nicht wissen: Mein Laden heißt ›Classic Tattoo‹, und er liegt in der Mitte von Berlin in der Torstraße, Ecke Straßburger Straße. Ich sehe von hier aus den Fernsehturm, ich habe meine Wohnung um die Ecke, der Laden ist mein zweites Zuhause. Und dadurch, dass der Standort seit zwölf Jahren immer der gleiche geblieben ist, bin ich mittlerweile so was wie der Dinosaurier im Kiez. Ich hab hier meinen Kaffeeladen, wo ich meine Zeitung hole; wenn ich zum Supermarkt gehe, macht die Verkäuferin, die wir auch tätowieren, 'ne neue Kasse für mich auf; und bevor die Leute vom Ordnungsamt mir einen Zettel ans Auto kleben, kommen sie erst zu uns rein und fragen, was los ist.

Vor dem Laden steht seit Jahren eine Holzbank, die mittlerweile unser Maskottchen geworden ist. Diese Bank wollten wir irgendwann mal zerkloppen, weil sie eigentlich längst Schrott war.

Wir haben sie hinten in den Hof gestellt und uns nichts weiter dabei gedacht, da kamen auf einmal die Leute aus

11

der Gegend in den Laden und fragten:»Hey, seid ihr pleite?«

Ich sag:»Nee, wieso denn?«

»Na, die Bank steht nicht mehr draußen.«

Das führte schließlich dazu, dass wir das Ding mit allen möglichen Schrauben und Nägeln repariert haben, damit wir es wieder rausstellen konnten. Warum ich das erzähle? Weil es zeigt, dass es hier im Kiez für niemanden mehr ein Problem ist, dass wir Tätowierer sind. Nicht für die Verkäuferinnen im Supermarkt und auch nicht für die Leute aus dem Altersheim zwei Straßen weiter. Bei uns muss keiner Angst haben reinzukommen, nur weil hier tätowierte Burschen hinterm Tresen stehen, die auf den ersten Blick gefährlich aussehen. Wenn's der Terminplan zulässt, nehm ich mir auch die Zeit, mich mit den Leuten hinzusetzen und 'nen Kaffee zu saufen. Ich bin ein Typ aus dem Volk, der da voll dranklebt und das gerne macht. Das ist nicht nur mein Feeling, sondern das von allen bei Classic Tattoo.

Es gibt ja viele Tätowierer, die sich immer noch in dieser Rebellen-, Assi- und Punkrolle wohl fühlen. Die wollen die großen, geheimnisumwitterten Typen sein, die in einer Stadt wie Berlin durchdrehen und an der Steuer vorbei ein paar Scheine kassieren. Ich komme selber aus dieser Ecke. Klar war ich Punk, klar war ich Türsteher, und natürlich hab ich mich rumgeprügelt und saß im Knast. Ich hab dieses Rock-'n'-Roll-Ding eine Zeitlang voll durchgezogen. Das steckt in mir drin und musste sein. Du kannst nicht zu etwas Nein sagen, das du nie ausgelebt hast. Ich hab als Halbgangster Geld eingetrieben und dubiose Geschäftchen gemacht, ich hatte es mit zwei Weibern, mit drei Weibern, mit drei Kumpels und einer Alten, mit Anblasen und weitertätowieren ... Hat alles stattgefunden. In der Tattoobranche stehst du immer mit einem Fuß in der Hölle. Der Alkohol, die Drogen und die Frauen, all diese Dinge, die Männer schon immer in den Ruin getrieben haben, sind ständig in Reichweite. Tätowierer sind zu 80 Prozent Machos. Und sie bekommen jeden Tag eimerweise Selbstbestätigung und das Gefühl, sich nehmen zu können, was sie wollen. Es gibt viele gute Tätowierer, die heute nicht mehr arbeiten, weil sie daran kaputtgegangen sind. Der eine hat sich weggekokst und 'nen Gehirnschlag gekriegt, dem Nächsten haben sie den Magen rausgenommen und so weiter. Die konnten irgendwann einfach nicht mehr. Dabei hätten sie bis ins hohe Alter tolle Tattoos machen können, wenn sie gelernt hätten, Nein zu sagen. Ich meine das gar nicht oberlehrerhaft. Bei mir hat es auch lange gedauert, bis ich Nein sagen konnte. Du ziehst dieses Exzessding halt immer wieder und immer wieder durch, und es ist irgendwie auch immer wieder lustig. Da kommt der Freund und streut Drogen, der Nächste hat drei Weiber dabei, diesmal ist die eine blond, die andere hat noch größere Titten als die von neulich, und deine coolen Sprüche vom letzten Mal ziehen auch immer noch. Aber bei mir war es irgendwann so, dass ich mittendrin gemerkt habe, dass ich keinen Bock mehr hatte, denselben Scheiß zum tausendsten Mal zu labern. Ich wollte auch keine Drogen mehr, weil ich wusste, dass ich mich danach drei Tage scheiße fühle. Selbst die geilste Alte fand ich nach dem dritten Fick nicht mehr spannend. Ich bin nachts verschwitzt aufgewacht in diesem Mix aus Alkohol- und Exzessnachglühen, und ich bin hinterher immer wieder in ein großes Loch gefallen. Drei Tage später, wenn's mir wieder besserging, habe ich dann gemerkt, dass ich wieder richtig Lust hatte zu arbeiten. Dieses Gefühl habe ich irgendwann zu schätzen gelernt. Und dann sitzt du das nächste Mal wieder mit den Jungs zusammen und merkst: Du willst dieses Bier vor deiner Nase eigentlich gar nicht trinken. Dann musst du dich entscheiden: Entweder du trinkst es trotzdem, oder du formst deinen Charakter und lernst, Nein zu sagen.

Mir hat dieses Neinsagen meine Existenz gesichert. Ich hab mir eine neue Droge gesucht. Das war der Drang zu bestehen, der Drang weiterzukommen und der Drang, mich selbst zu einem Experiment zu machen. Ich wollte wissen: Wie groß kann das eigentlich werden, was du hier angefangen hast? Dazu muss man wissen: Noch vor zwanzig Jahren wollte die Gesellschaft uns Tätowierer partout nicht unter sich haben. Wir waren Dreck, wir waren Randgruppe, wir waren Gangster, wir wurden belächelt. Am liebsten hätte man uns aussortiert. In diese Kiste von Vorurteilen werden diese ganzen Dinger – Drogen, Alkohol, Fickerei – reingepackt. Aber genau gegen diese Vorurteile, die ich selber lange genug gelebt hatte, wollte ich nun bestehen. Bestehen, Gegenhalten, Argumente finden und alle Kritiker Lügen zu strafen, das ist mein Motor geworden. Ich habe das eine Zeitlang richtig doll gebraucht, um weiterzumachen. Ob das die Tattoos waren, die immer besser geworden sind, ob das ein neuer Laden war oder ob es mit Mitte dreißig einfach das Gefühl war, dass ich für andere Leute da sein konnte. Ich hatte jüngere Tätowierer als Lehrlinge im Laden, denen ich helfen konnte. Der eine hat seine Lehre geschmissen, weil er jeden zweiten Tag besoffen war. Der hat Blut gekotzt und konnte nicht mehr arbeiten. Den habe ich in den Arm genommen und aufgefangen wie 'nen Sohn. Das ist dieses Familiending. Das Team bei Classic Tattoo ist meine zweite Familie.

Dazu kommen die Erlebnisse mit den Kunden. Als Tätowierer hab ich die Möglichkeit, tiefer, doller und länger in die Köpfe der Menschen reinzugucken als irgendjemand sonst. Die Leute müssen bei uns im Rekordtempo ein Vertrauensverhältnis aufbauen. Sie müssen sich vor uns ausziehen und sich von uns berühren lassen. Ähnlich wie beim Arzt. Aber wir sind eben keine Ärzte. Zum Arzt will keiner hin, zu uns kommen die Leute freiwillig. Wir sind die groben Typen, die diesen Rock-'n'-Roll-Lifestyle verkörpern, deshalb begegnet man uns anders. Die Kerle machen einen auf Kumpel, die Frauen spielen mit ihren Reizen, vor allem aber öffnen sich die meisten sehr schnell und bauen ein Verhältnis auf. Es gibt natürlich auch Kunden, die reden überhaupt nicht. Da versuchst du drei-, viermal erfolglos, 'nen Smalltalk anzufangen, und hast danach drei, vier Stunden die Qual deines Lebens, weil die nicht drauf eingehen. Die sitzen nur da und starren vor sich hin. Am Ende stehen sie auf, du selbst freust dich, weil du meinst, das Tattoo ist gut geworden, und die stellen sich vor den Spiegel und pressen sich ein gequältes »Ja, schön. Was kriegst du noch für Geld?« ab. Andersrum gibt es die, die vor Freude anfangen zu heulen und dich umarmen. Das ist dann wie eine Extrabezahlung.

Mir ist jedenfalls irgendwann klargeworden, dass ich auch ohne Exzesse den besten Job der Welt habe. Ich kann das tun, was ich liebe, ich bin Botschafter zwischen den sozialen Schichten, und ich arbeite mit Leuten zusammen, die meine Freunde sind. Aber bevor's allzu romantisch wird, erzähl ich erst mal, wie ich überhaupt zum Tätowieren gekommen bin. Zwischendurch ist ja auch viel Scheiße passiert – angefangen bei dem ersten Tattoo, das ich selber bekommen habe: eine ganz schlimm von Hand gestochene Rose. Das Ding war ein Witz. Ihr bekommt also was zu lachen.

SPUCKT NOCH DRAUF!

»Ich war 16, ich hatte noch nichts von der Welt gesehen, ich hatte noch keinen Sex gehabt, aber ich hatte ein Tattoo: eine kleine hässliche Rose aus Punkten.«

Ich komme aus dem Osten, also aus der DDR. Als die Mauer gefallen ist, war ich 18. Ich habe meine prägenden Jahre also in diesem Land verbracht, in dem irgendwie alles verboten war. Tattoos sowieso. Die standen in der DDR unter Strafe, und offiziell gab es sie gar nicht. Hatte man allerdings mit Punkern oder Künstlern oder Leuten, die im Knast gesessen hatten, zu tun, kam man doch irgendwann damit in Berührung.

In gewisser Weise war klar, dass ich früher oder später beim Tattoo landen musste. Ich war immer Rebell und wollte immer anders sein. Das musste erst mit bunten Haaren, dann mit zerfetzten Klamotten und irgendwann auch durch ein Tattoo unterstrichen werden.

Aber eins nach dem anderen: Aufgewachsen bin ich ziemlich behütet, in Blankenfelde, hinter Pankow. Wir wohnten in einer Siedlung mit Einfamilienhäusern, ich hatte einen drei Jahre älteren Bruder und eine fünf Jahre jüngere Schwester, und alles lief ganz okay. Bis ich acht oder neun war und meine Eltern anfingen, sich zu trennen. Ein

Prozess, der sich über drei Jahre hinzog und für uns Kinder ziemlich schlimm war. Es war der klassische Scheidungsmist: Meine Mutter ging fremd, mein Vater fing an zu saufen. Ich hab immer noch die Bilder im Kopf, wie er auf sie losging. Wenn so eine Beziehung auseinanderbricht, und die Kinder müssen zugucken, ist das scheiße. So was sollte nicht zum Problem der Kinder werden, sondern das Problem der Eltern bleiben. Bei uns hat das nicht geklappt. Nach der Scheidung durften wir Kinder unseren Vater nicht mehr sehen, die Verbindung wurde komplett gekappt. Ich habe später ganz viele Briefe gefunden, die er an uns geschrieben hat, die uns aber nie erreicht haben. Ich liebe meine Mutter, aber das ist das Einzige, was ich ihr vorwerfe. Sie hat uns Kinder zum Spielball ihrer zerrütteten Beziehung gemacht. Andererseits: Wir machen alle Fehler, und meine Mutter ist eben auch nicht das heilige Wesen, für das ich sie immer gehalten hatte, bis ich sie im Alter von fünf aus Versehen beim Vögeln mit meinem Vater überraschte. Spätestens da wusste ich: Okay, meine Eltern sind auch nur Menschen.

Ich glaube im Nachhinein, dass ich eine Menge von meinem Vater geerbt habe. Der hatte viel mit Kunst am Hut, hat Bilder gemalt und war sehr emotional. Er war Musiker und ist zu DDR-Zeiten mit der Handelsmarine um die ganze Welt gefahren, im Osten ein Privileg. Aber die Trennung von meiner Mutter hat ihn kaputtgemacht. Ich habe Jahre später zum Glück noch mal mit ihm sprechen können. Mittlerweile ist er gestorben. Erst nach seinem Tod habe ich von meiner Tante erfahren, dass er nie verwunden hat, dass ihm seine Kinder weggenommen wurden. Der hat uns über alles geliebt. Krasses Schicksal. Ich habe meiner Schwester neulich eine Gitarre mit Flügeln dran auf die rechte Wade tätowiert. Das ist unser gemeinsames Andenken an ihn.

Na gut, aber meine damalige Reaktion auf den Ärger zu Hause war erst mal, den Rebellen in mir zu entdecken und mir Stück für Stück eine Ersatzfamilie aus Freunden zu suchen. Ich fing an, mein Umfeld zu beobachten. Ich merkte, wie sich alles dahinschleppte, und mich kotzte die Struktur, nach der der Osten funktionierte, an – mit den FDJlern und den strammen Sozis und diesem unterschwelligen Stasiding. Irgendwas brodelte in mir und wollte raus. Das erste Ventil war die Musik. Damit fing mein Rebellentum an. Mit 15 oder 16 hab ich angefangen, mir selbst Englisch beizubringen. Mit Wörterbüchern hab ich Liedtexte von Depeche Mode übersetzt. In diesen Texten steckte so viel Tiefe drin. Wenn ich bei einigen Songs die Augen zugemacht hab, hab ich mehr gespürt als bei irgendeinem Kuss mit 'nem Mädel an der Bushaltestelle.

Es gab damals im Westfernsehen die Sendung »Formel Eins«, wo immer Samstagnachmittag um 15 Uhr eine Dreiviertelstunde lang neue Musikvideos liefen. Das war für mich Pflichtprogramm, bevor ich mich abends mit meinen Kumpels auf dem Alex getroffen habe. Krasse Eighties-Geschichten waren dabei: King, Dead Kennedys, Sisters of Mercy. Bei diesen Leuten hab ich mir abgeguckt, wie man tanzt, und ich hab mich von ihren Klamotten inspirieren lassen.

Allerdings musste ich meinen eigenen Stil entwickeln. Ich befand mich ja in einem Land, wo es keine tollen Springerstiefel und keine Nietengürtel und keine Lederjacken, die schon vorbeschmiert waren, zu kaufen gab. Es gab nur das, was jeder anhatte, und damit musstest du klarkommen. Wenn du also anders aussehen wolltest als alle anderen, hieß es umstylen. Ich hab meine Hose mit Kugelschreiber vollgeschmiert und ein Bein abgeschnitten, im Keller hab ich eine alte Lederjacke vor meinem

Opa gefunden und die auf dem Rücken bemalt, dazu kamen die Haare, die immer abstehen und bunt sein mussten. Schon sah ich tatsächlich anders aus – und bin deswegen ständig angeeckt. Ich war auf einer ziemlich kleinen Schule. Da war ich der Einzige, der über den Hof lief und aussah wie Pumuckl, deshalb haben die Lehrer immer versucht, mich anzugreifen. Über schlechte Zensuren, über Leistungskontrollen und, und, und. Ich war immer der Erste, der zur Tafel musste. Aber ich war nicht dumm. Das hatte mir schon mein Opa eingebleut: Du darfst jeden Scheiß machen, aber du darfst dabei niemals dumm sein. Also hab ich die Lehrer mundtot gemacht. Meine Staatsbürgerkundelehrerin hab ich irgendwann gefragt: »Wenn die Mauer ein antiimperialistischer Schutzwall ist, warum zeigen die Stacheldrahtecken dann eigentlich in unsere Richtung und nicht in die Richtung des Feindes, den wir abwehren wollen?«

Sie hatte keine Antwort. Aber die Geschichte führte dazu, dass ich mich anschließend jede Woche einmal beim Direktor melden musste. War mir egal. Die Provokation gehörte dazu. Ein paar Wochen später hab ich die gleiche Lehrerin gefragt: »Eine Diktatur und eine Demokratie können doch nie zusammen funktionieren, oder?«

Sie nickte und meinte: »Natürlich nicht. Aber wie meinen Sie denn das?«

»Na, ich denke, wir leben hier in der Deutschen Demokratischen Republik. Aber in unseren Büchern steht, dass wir unter der Diktatur des Proletariats leben. Da komme ich jetzt aber durcheinander.«

Diese ganzen Dinger führten dazu, dass ich schon mit 15 eine Stasiakte bekam. Ich hatte ja zusätzlich auch noch Freunde aus der Ostberliner Künstlerszene. Dafür gab's einen Extravermerk, weil Leute, die mit Künstlern zu tun hatten, genau wie die Künstler selber, einer verstärkten Überprüfung durch die Stasi unterlagen. Wir wussten das. Aber wenn du in diesem Rebellenalter bist, freust du dich darüber, dass die Bullen dich abführen.

Ich stand teilweise 24 Stunden mit zwei Kumpels im Innenhof vom Stasiknast Hohenschönhausen an der Mauer und hab darauf gewartet, meine Lederjacke wiederzubekommen. Das war so üblich da. Wenn keine Zellen mehr frei waren, wurden Leute wie wir zum Ausnüchtern nach draußen verfrachtet. Am besten noch im Regen. Aber wir fanden das geil. Wir fanden's geil, an dieser Mauer zu stehen und uns von der Stasi anbrüllen zu lassen, weil wir dadurch klarmachen konnten: Wir sind Rebellen, und wir lassen uns nicht brechen! Irgendwann ist das wie ein Job. Es war Pflicht, jeden Tag einmal dieses Gefühl zu haben gegenzuhalten. Du zelebrierst dieses Anderssein und merkst irgendwann auch, dass die Mädels darauf abfahren. Dann hängst du auf einmal in einer Clique von fünf Leuten und machst mit denen Musik. Hatte ich irgendeine Ahnung von Musik? Natürlich nicht. Ich konnte vier Akkorde auf der Bassgitarre spielen, das war's. Aber darum ging's nicht. Wichtig war, dass wir auf der Bühne standen, »Yeah« gebrüllt haben und danach saufen konnten. Unsere Band hieß »Die Schmutzels«. Unser Logo war ein Kreis, in den wir einen Comicpunk mit Knubbelnase, Iro und einem Riesenohrring mit Anarchiezeichen reingemalt hatten. Wir waren halt Punks. Aber nicht solche Punks, die nur rumhängen und rumschnorren, sondern einfach eine Gruppe von Leuten, die gegenhalten wollten und auf einer Ebene waren. Das war Liebe. Ich habe teilweise lieber mit den Jungs im Park geschlafen als bei mir zu Hause. Es gab damals nichts Schlimmeres für mich als den Sonntagabend, wo das Wochenende mit meinen

Freunden vorbei war, und nichts Schöneres als den Mittwoch, wo es für uns schon wieder anfing.

Einmal im Jahr gab's das »Fest an der Panke« in Pankow. Das war unser Fest. Wir haben uns gesammelt, noch ein paar Leute aus Potsdam angerufen, und schon waren wir 50 Mann. Wir lagen besoffen auf der Wiese und fanden nichts geiler, als die angewiderten Blicke von den normalen Sozis zu beobachten, die an uns vorbeiliefen. »Ja, spuckt noch drauf!«, haben wir gerufen und uns totgelacht. Es gab immer 'ne Aktion, hier wurde ein Transparent gebastelt, und da musste jemand geärgert werden. Trotzdem hatte das Ganze immer Geist.

Der eine von den »Schmutzels« hat heute 'ne Fabrik und baut Jachten, der andere ist Chemieprofessor, der dritte ist Arzt im Unfallkrankenhaus Marzahn, und der vierte lebt in Singapur und hat 'ne Schule für Diplomatenkinder. Nur um mal zu zeigen, dass das keine dummen Leute waren. Wir haben einfach die Provokation gebraucht wie eine Droge. Und da jede Droge gesteigert werden muss, war klar, dass irgendwann mit Nadeln gespielt wurde.

An meine wirklich erste Begegnung mit dem Thema Tattoo kann ich mich nicht mehr genau erinnern. Irgendwie muss mal wieder einer unserer älteren Rebellenkumpels aus dem Knast gekommen sein und sein erstes Ding vorgezeigt haben. Das hat uns alle fasziniert, und insgeheim war klar: Das wird die nächste Aktion. Ich hab nie darüber nachgedacht, was ich meiner Mutter antue oder ob es Ärger gibt. Es stand überhaupt nicht zur Debatte, jemanden zu fragen. Wie bei allen anderen Dingen hast du die Schelle, die du hinterher kriegst, regelrecht eingeplant. Ohne war es gar nicht das, was es sein sollte. So wurde erst ein bisschen rumprobiert, und schon fand ich mich bei einer der nächsten Partys im Keller auf einem

Schlitten wieder und bekam eine kleine hässliche Rose auf den Oberarm tätowiert. Richtig klassisch mit einer alten Nadel, die mit Bindfaden umwickelt war. Da war keine Spur von Hygiene, aber das war scheißegal. Selbst wenn diese Nadel vorher schon fünfmal benutzt gewesen wäre und ich mir davon die schlimmsten Krankheiten geholt hätte – diese Rose musste auf die Haut. Jeder Punkt wurde einzeln gestochen, wie wenn man mit einem Stift Linien punktet. Es hat wehgetan wie Sau, es hat geblutet, zwischendurch gab's ein Bier und noch ein Bier und noch ein Bier.

Insgesamt hat die Prozedur drei Stunden gedauert. Ich würde für das gleiche Motiv heute fünf Minuten brauchen, aber das kann man nicht vergleichen. Damals wollten wir einfach die Faszination für Tattoos leben, wir wollten cool sein, und die ganze Atmosphäre war aufgeladen mit Emotionen. Am Ende saß ich da, mit einem halbfertigen Scheißding, bei dem jeder Punkt unterschiedlich intensiv getroffen war. Aber ich war stolz wie Bolle. Ich war 16, ich hatte noch nichts von der Welt gesehen, ich hatte noch keinen Sex gehabt, aber ich hatte ein Tattoo: eine kleine hässliche Rose aus Punkten.

Wir wollten das Ding eigentlich später noch fertigstechen, aber bevor es dazu kommen konnte, haben sie den Typen, der das machen sollte, schon wieder in den Knast gesteckt. Das Ding hatte aber auch im halbfertigen Zustand seine Bedeutung. Es erzählte von Zusammenhalt, von Rebellion und Freundschaft. Das können einige tätowierte Leute vielleicht nachvollziehen.

Für mich beginnt mit dieser Rose meine persönliche Tattoogeschichte. Ich glaube auch, dass die tiefe Verbindung, die ich heute mit der ganzen Thematik habe, mit dieser Ostvergangenheit zu tun hat. Für mich bedeuten

Tattoos bis heute Verarbeitung, Kontra und Emotion. Dieses Verständnis hat damals auf diesem beschissenen Schlitten angefangen.

Wenn ich heute in meinem Laden einen halbwegs pädagogischen Auftrag wahrnehme und Kids davor bewahre, beim Tätowieren Fehler zu machen, ist das gar kein Widerspruch. Ich bin im Nachhinein für mich selber froh, dass es im Osten keine Tattooläden gab. Ich würde heute wahrscheinlich aussehen wie der Vollassi. Die Rose hab ich mir später übrigens abdecken lassen, man sieht sie nicht mehr. Ich ärgere mich mittlerweile darüber. Ich hätte sie lassen und am besten noch einen kleinen Rahmen drum herumbauen sollen. Schließlich stand sie, Verbote hin oder her, für die schönste Zeit in meinem Leben.

Leider existieren auch die meisten Stümpertattoos meiner Kumpels von damals nicht mehr. All der üble Schrums, die Blumen, die Peace-Zeichen, die Rolling-Stones-Zungen ist irgendwann übertätowiert worden. Trotzdem erinnert sich noch jeder, was das erste Tattoo bei ihm war. Wenn ich heute mit diesen Leuten spreche, haben die über ihre alten Tattoos oft mehr zu erzählen als über die schönen neuen Bilder, die sie sich jetzt machen lassen. Ich selber knüpfe an die Intensität von damals an, indem ich mein rechtes Bein vor fünf Jahren zum »Sammelbein« erklärt habe. Darauf verarbeite ich schnelle und heftige Erlebnisse auf Reisen und aus meinem Tätowiererleben mit kleinen, ganz unterschiedlichen Tattoos. Angefangen hat dieses Projekt sogar mit einem »Ostpunk«-Tattoo. Aber dazu komme ich später. Jetzt muss ich erst mal in den Knast.

WELCHES BETT DENN NEHMEN KANN ICH DENN NEHMEN?

»Im Knast sah ich das erste Mal,
dass es so was wie Tattoomaschinen
überhaupt gibt.«

Während wir Jugendlichen uns einer nach dem anderen unsere schlechten Tätowierungen verpassten, hab ich mit einem Kumpel eine Lehre als Facharbeiter für chemische Produktion angefangen. Auch die haben wir nicht wirklich ernst genommen. Mein Kumpel hat auf der Arbeit sogar alle möglichen Chemikalien mitgehen lassen.

Als wir dann Urlaub hatten, sind wir zusammen mit noch einem Kollegen an die Ostsee gefahren. Unser erster eigener Urlaub! Viel haben wir nicht mitgenommen. Ein Zelt, Decken, 100 Ostmark und ein paar Fläschchen von dem Diebesgut aus dem Betrieb – unter anderem Chloroform und Morphium. Wir also rein in den Zug Richtung Ostsee, mit nur einer Fahrkarte für alle Mann. Ganz klassisch haben wir uns zu dritt auf dem Klo eingeschlossen, und als der Schaffner kam, hat einer mit runtergelassenen Hosen den Kopf aus der Tür gesteckt und gesagt: »Ey, ich kacke gerade, hier ist meine Fahrkarte.« Damit war der Rest der Fahrt geritzt.

Wir haben in diesem Urlaub die krassesten Dinger erlebt. Mit unseren 100 Ostmark sind wir auf 'nen Zeltplatz. Da haben wir im Wechsel im Zwei-Mann-Zelt geschlafen, weil wir zu dritt nicht reingepasst haben. Und dann musste natürlich das Chloroform ausprobiert werden. An einem Nachmittag, als es mal wieder geregnet hat, sind wir in ein Kino gegangen, wo gerade ein DEFA-Indianerfilm lief, und haben uns da einen weggeschnüffelt. Wir saßen fett wie die Nattern auf unseren Sitzen und haben Tränen gelacht über »Die Söhne der großen Bärin« mit Gojko Mitic. Dieser Film war so beschissen. Die Indianer hatten Turnschuhe an, und auf dem Acker, über den sie ritten, hat man noch Treckerspuren gesehen. In unserer Fettness haben wir jedes winzige Detail erkannt, das nicht gestimmt hat. Das war wie »Finde die Fehler« in der *BZ*. Ein unglaubliches Schauspiel. Abends sind wir mit dickem Schädel in unser Zelt und haben Paranoia geschoben. Neben uns kampierte gerade eine Truppe mit zwanzig Heavy-Metal-Typen. Irgendwann kam mein Kumpel vom Pissen zurück und sagte: »Du, die wollen uns aufs Maul hauen. Wir sind für die die Bürsten, die machen uns jetzt richtig platt.«

Ein dreifaches »Kacke« ging durchs Zelt, aber da wir in der Falle saßen, waren wir uns einig: Gemeinsam stehen, gemeinsam sterben! Aber nicht nüchtern. Wir haben uns mit vier Flaschen »Berliner Luft«, so einem ganz miesen Likörfusel, den Helm weggedroschen, bis wir komplett besoffen waren, und mein Kumpel lallte: »Passstauf! Angriff-issie-besse-Verdeidijung.«

Bevor wir aus dem Zelt gekrochen sind, haben wir noch jeder zehn Tropfen Morphium genommen, dann ging's los, schwankend und taumelnd ins Freie. Aus dem Bild hättest du eine Karikatur machen können. Da standen drei verpeilte Punks auf Alkohol und Morphium im Wald und wollten eine Gang Metaller angreifen – nur dass diese Metaller mittlerweile längst ihre Sachen gepackt hatten und weitergezogen waren.

»Wo sinssie denn?«, hab ich gefragt und mich umgeguckt. Da Morphium neben der schmerzlindernden Wirkung auch die Reaktionen verlangsamt, kamen die Bäume meinem Blick immer nur zeitverzögert hinterher. Und dann sind wir durch diesen Wald gestolpert und haben die Typen gesucht. Es muss ein Anblick für die Götter gewesen sein. Völlig lebensmüde.

Weshalb ich das aber eigentlich erzähle: Es war trotz allem eine geile Zeit. Aber angesichts solcher Geschichten kann man sich vorstellen, wie wir uns vielleicht vernichtet hätten, wenn die Grenzen offen gewesen wären. Im Westen gab's ja die ganzen »richtigen« Drogen, zu denen wir wahrscheinlich auch nicht Nein gesagt hätten. Und die Drogenleichen in Westberlin hab ich ja später selber gesehen.

Man kann sich aber auch vorstellen, dass dieses ständige Knacken von Verboten in einem Staat wie unserem nicht dauerhaft ohne Folgen bleiben konnte. Wir störten ja permanent das Bild von der idyllischen DDR, in der die Jugendlichen in FDJ-Hemdchen mit ihren Wimpeln winkten. Und wir taten das auch noch bewusst. Mittlerweile hatte ich meine Stasiakte, ich hatte Alexanderplatzverbot, ich hatte Kulturparkverbot. Es war völlig klar, dass nur noch nach einem handfesten Grund gesucht wurde, um mich abzusortieren.

Bevor es so weit war, war mir glücklicherweise noch vergönnt, meinen ersten Sex zu haben. Mit meiner Jugendliebe, die später in meinem Leben noch eine entscheidende Rolle spielen sollte. Ich war 18, sie 16, und wir waren füreinander die Ersten. Ich hab tatsächlich erst mit 18 meinen ersten Sex gehabt. So was gibt's in der Vögelei heute gar nicht mehr. Ich hab manchmal das Gefühl, die Weiber drehen heute mit 13 schon Gruppenpornos. Bei uns ging das nicht so schnell und fing später an. Da wurde in der Schule zwar alles angemacht, aber gevögelt wurde nicht. Man hatte Knutschfreundinnen, aber dieser eine große Moment zögerte sich ganz weit raus. Ist ja immerhin auch 25 Jahre her. Und auch wenn ich damals das quälende Gefühl hatte, spät dran zu sein, war's im Nachhinein gar nicht verkehrt. Und es passierte eben mit dieser besonderen Frau.

Ich war also im siebten Himmel, ich war verknallt, ich war volljährig. Alles war geil. Da war es ein ziemlicher Schockmoment, als mir die Bullen eines Morgens die Tür auftraten und vor meinem Bett standen, bevor ich überhaupt aufspringen konnte. Anziehen durfte ich mich noch, dann bekam ich Handschellen und saß wenig später im Funkwagen. Der Grund war eine schwachsinnige Prügelei. Der Typ, mit dem ich mich geprügelt hatte, hatte nicht mal eine gebrochene Nase gehabt. Aber er hatte eine Anzeige mit Täterbeschreibung gemacht. Das wurde sofort als Grund genommen, mich einzubuchten. Ein Jahr sollte ich kriegen. Eine völlig übertriebene Aburteilung. Heute müsste man für eine solche Prügelei maximal gemeinnützige Arbeit leisten.

Sie haben mich zur Haftanstalt Rummelsburg gekarrt, die Riesen-Viermeterschleusen gingen erst auf und dann hinter mir wieder zu, und dann wurde ich erst mal 19 Stunden lang verhört, bekam nichts zu essen und durfte nicht aufs Klo. Das war in der DDR so. Wenn du da in den Knast kamst, hast du erst mal zwei Monate deine eigene Mutter nicht gesehen, du durftest nicht telefonieren, du hattest keinen Anwalt, du hattest keine Rechte. Du hattest gar nichts. Und als ich auf meine Zelle kam, war es das lebende Klischee: Vier 3,50-Meter-Wände und drei Typen, die dasaßen und mich finster anglotzten. Der eine hatte die Köpfe der Beatles mit einem Vorhang an der Seite auf die Stirn tätowiert. Sah ziemlich bescheuert aus und war unheimlich schlecht gemacht.

Ich frage also ganz normal: »Welches Bett kann ich denn nehmen?« Und dieser Typ brüllt sofort los: »Quatsch uns hier nicht voll!«

Da fragst du dich anfangs schon, ob du da noch mal lebend rauskommst. Letztendlich habe ich sechs Monate auf dieser Zelle verbracht, und die Typen waren irgendwann sogar ganz cool. Du wurdest da nicht in den Arsch gefickt oder plattgemacht, aber es gehörte zum Spielchen, dass jeder, der neu kam, erst mal die Breitseite kriegte. Ist heute wahrscheinlich immer noch so im Knast: Wenn du bei jemandem aneckst, darfst du nicht abkacken. Du kannst beim Prügeln ruhig verlieren, aber du musst zeigen, dass du dir nichts gefallen lässt. Ich habe in Rummelsburg Leute gesehen, die hatten nicht das Fell dafür und haben sprichwörtlich ihre eigene Scheiße gefressen. Das war eine Welt mit eigenen Regeln. Aber wenn du erst mal geschafft hattest, dich zu behaupten, entstanden auch intensive Freundschaften. Es gab immer zwei, drei Leute, die sich gegenseitig den Rücken freihielten und mit denen man dicht an dicht stand.

Sogar der Typ mit den Beatles-Köpfen war letztendlich ganz in Ordnung. Irgendwann hab ich mir seine Geschichte angehört. Er war Mitte zwanzig und war seit seinem 18. Lebensjahr gerade mal ein Jahr raus gewesen aus dem Knast. Das erste Mal hatte er drei Jahre bekommen, dann kam er frei, hat herausgefunden, dass der Polizist, der ihn verhört hatte, mit seiner Alten gevögelt hat und hat den abgeknallt. Dafür gab's zwanzig Jahre. Also hat er sich in sein Schicksal gegeben und war entsprechend scheiße drauf. Über sein Tattoo haben wir nie großartig gesprochen. Die Bedeutung war ja klar. Er war offensichtlich Beatles-Fan ...

Ich selbst habe aus dem Knast keine Tätowierung mitgebracht. Ich hatte zu viel mit mir selber zu tun, als dass ich darüber nachgedacht hätte. Die ersten Wochen dachte ich auch noch, die spinnen alle, und jeden Moment kommt ein Anwalt, der mich auf Bewährung rausholt. Wir reden hier ja immer noch von einer Prügelei, bei der es nicht mal eine gebrochene Nase gab. Aber dann ging die erste Woche rum, dann der erste Monat, und ich saß immer noch da und hörte nichts. Dann kamen die Verhöre der Stasi und vom Vernehmerpolizisten. Bis sich endlich ein Anwalt blicken ließ, hat es sieben Wochen gedauert, bis zur Verhandlung und Entlassung acht Monate. Genug Zeit, um eine Menge über Knasttattoos zu lernen. Da wurden teilweise Bilder von Hand gestochen, die manche Stümper heute nicht mal mit der Maschine hinkriegen. Und das, obwohl es Strafen für Tattoos gab. Wir durften nur einmal die Woche duschen, danach mussten alle im Handtuch den Gang langlaufen, und es wurde kontrolliert, ob jemand eine neue Tätowierung hatte. War das der Fall, bekam er sechs Monate Nachschlag. Trotzdem entstanden unglaubliche Sachen. In alte Rasierapparate wurden Nadeln eingespannt und daraus Maschinen gebaut. Es wurden Kabel in Steckdosen gesteckt und mit riesigem Einfallsreichtum Dinge zusammengeschraubt. Das war wie im Film: In der Arbeitswerkstatt klaute der eine einen Trafo, der andere brachte eine Batterie mit, der Nächste bog einen Löffel um. Echt faszinierend. Zumal es für mich das erste Mal war, dass ich sah, dass es so was wie Tattoo-maschinen überhaupt gibt.

Die Tattoos selbst waren eher ein Ding der Langzeithäftlinge. Die hatten Zeit. Wenn jemand zehn oder fünfzehn Jahre Zeit sitzt und davon drei Jahre mit einem Tätowierer auf der Zelle verbringt, werden Tattoos zum Zahlungsmittel. Der eine besorgt dem anderen extra was zu essen, Zigaretten oder Klamotten, dafür wird er tätowiert. In Rummelsburg war das Handelsgut, das dazugehörte. Und wenn die Jungs irgendwann wieder rauskamen, waren sie eben entsprechend gezeichnet. Da kommt die Assoziation von Tattoos und Knast ja heute noch her. Man kann normale Tattoos auch bis heute von Knasttattoos unterscheiden. Für die meisten Häftlinge war die Qualität der Tätowierung zweitrangig. Bei denen ging es um Masse und Fülle. Die Dinger waren wie eine Ritterrüstung. Im Knast durftest du nicht zeigen, dass du eine sensible Seele hast. Für diese Leute ging es um unbedingte Härte, um Überleben und Bestehen. Und wer im Gesicht tätowiert war, war eben ein ganz harter Junge, dem keiner so schnell zu nah trat.

Ich habe in diesen acht Monaten wirklich alles an Knasttattoos gesehen, was man sich vorstellen kann: das Kreuz auf dem Berg mit den Abzähl-Strichen drüber, die Hände, die das Peace-Zeichen machen, die Rolling-Stones-Zunge, »Scheiß-Osten«-Schriftzüge, Baseballkeulen; einer hatte sogar die komplette Fußsohle mit einem Doc-Martens-Abdruck zutätowiert. So skurril das manchmal war, auch hier ging es wieder um Protest. Die Leute haben sich verstümmelt bis zum Verkacken, die haben sich mit dem Stuhlbein die Haut wund gekratzt und Tinte reingekippt, um zu sagen »Leckt mich am Arsch«. Und um ihre Sehnsucht nach Freiheit auszudrücken. Viele Tattoomotive, die heute wieder in Mode sind, stehen für diesen Freiheitsdrang. Die Schwalbe zum Beispiel, die ja auch Mauersegler heißt, weil sie über alle Mauern segeln kann. Oder das brennende Herz. Deutlicher kann ein Tattoo gar nicht sein. Es sagt: »Guckt her, Leute, ich brenne. Mich kriegt ihr nicht klein!«

Über die Herkunft solcher Bilder denken die Leute heute gar nicht mehr nach. Da geht es darum, dass die schönste Farbe genommen wird und der Lieblingstätowierer noch 'ne Blüte dranpinselt. Da geht es oft um bloße Eitelkeit. Aber wenn du die alten Geschichten hörst, weißt du um die Ehrlichkeit, die in einem Tattoo stecken kann. Deswegen kämpfe ich auch immer dafür, dass man die Knastis nicht als Knastis abschreibt, sondern auch mal hinterfragt, was sie wirklich getan haben und vor allem, warum. Wenn ein Typ eine Bank überfällt, weil seine Kinder krank sind, ist er für alle nur der Straftäter. Die Verzweiflung, aus der heraus er gehandelt hat, sieht keiner. Genauso ist es mit Tätowierungen. Die werden oft nur als assi abgetan, obwohl in ihnen jede Menge Gefühl drinsteckt.

Als ich nach acht Monaten wieder aus dem Knast rauskam, war mir das alles allerdings auch scheißegal. Ich war drei Tage dauerblau und hab meine wiedergewonnene Freiheit gefeiert. Und am dritten Tag fiel die Mauer. Noch mehr Freiheit – die mich komischerweise erst mal vom Tattoo wegführte.

MEINE WENDE

»Mir wäre nicht im Traum eingefallen, zu einem Tattootermin zu spät zu kommen oder keine Kohle dabeizuhaben. Für so was gab's knallhart aufs Maul.«

Ich war also raus aus dem Knast. Da stand ich. Meine Eltern waren inzwischen über Ungarn in den Westen abgehauen, also bin ich zu einem Kumpel gegangen, der selber sechs Monate unschuldig gesessen hatte. Der war auch erst seit zwei Wochen wieder frei, und wir haben uns drei Tage am Stück besoffen. Irgendwann lagen wir abends total blau auf der Couch und hörten im Radio, dass die Grenzen offen sind. Wir haben gelallt: »Jaja-alles-klar-die-Grenssen-sinnn-offen. Werss-glaubb …« Aber wir haben uns aufgerafft und sind in Latschen und Malerhose raus zur Invalidenstraße. Überall waren Menschen, und tatsächlich war die Grenze auf.

Puff! Irgendwie lösten sich in diesem Moment meine ganzen Werte in Luft auf. Auf einmal standen wir in Westberlin und haben dumm geguckt. Bei einem Kumpel, der ausgewandert war, sind wir erst mal untergekommen. Oder besser: Wir haben uns da versteckt. Wir waren ja überhaupt nicht sicher, dass das legal ist, was wir da machen. Wir hatten diese krasse Mauer überwunden, die jahrelang das Gitter unseres Käfigs gewesen war. Damit fiel für mich auch ein Orientierungspunkt weg. Im Knast war mir klargeworden, dass mein nächstes Ding unweigerlich die Republikflucht gewesen wäre. Das erübrigte sich ja nun. Also waren wir in unserer doppelten Freiheit noch ein paar weitere Wochen dauerblau. Eine Party jagte die nächste. Und auf einer dieser Partys lernte ich eine Frau aus Westberlin kennen. Wir verknallten uns, und sie lud mich ein, mit ihr nach Amerika zu fliegen. Im Februar 1990 ging's los. Das muss man sich mal reinziehen: Innerhalb von nicht mal sechs Monaten bin ich aus dem Knast gekommen, hab den Mauerfall erlebt, um dann in einem Pan-Am-Flugzeug nach Miami zu sitzen. Ich muss nicht extra erwähnen, dass ich vorher noch nie ein Flugzeug von innen gesehen hatte, oder?

Es war alles unwirklich. In diesem Amerikaurlaub hab ich irgendwann am Strand gesessen und geheult, ohne richtig zu wissen, warum. Erst jetzt wurde mir bewusst, was für eine Strafe das Leben in der DDR gewesen war, und ich hab mitgeheult für meine Mutter, die um ihr ganzes Leben betrogen worden war. Da schoss ganz tief verdrängte Drecksscheiße aus mir raus. Meine Freundin saß neben mir und schnallte nicht, was los war. Sie fragte, ob sie was Verkehrtes gesagt hätte. Aber es war alles cool. Ich musste nur ein paar Stunden für mich sein. Ich bin stundenlang am Strand langgelaufen, um erst mal mit mir selbst zurechtzukommen, danach sah ich klarer.

Ich kam aus Amerika als neuer Mensch zurück. Ich hatte eine unheimlich positive Energie, und für mich stand fest, wie mein Leben zu laufen hatte. Leben hieß auf einmal Leben. Kein Gefängnis mehr. Keine Scheiße mehr. Und so wurde es dann auch angepackt. Ich hab mich mit dieser Frau aus Westberlin selbständig gemacht. Wir haben ein Reisebüro eröffnet. Reisen war mein Ding. Genau das, was man mir vorher verboten hatte, fand nun endlich statt. Sogar beruflich. Wir waren auf Amerikareisen spezialisiert. Ich bin in der Zeit sogar im Anzug rumgelaufen und hab mich wie der große Geschäftsmann aufgespielt. Das ging aber nur ein paar Jahre. 1993 wurden in Florida ein paar deutsche Touristen erschossen. Das hatte zur Folge, dass da niemand mehr hinwollte und wir bei laufenden Kosten 70 Prozent Umsatzeinbußen hatten. Die waren auf Dauer nicht aufzufangen. Wir machten den Laden dicht – und auch die Beziehung erledigte sich irgendwann.

Inzwischen hatte in der Pfarrstraße in Rummelsburg der erste Tattooladen auf der Ostseite Berlins eröffnet. Die ganze Straße war voller besetzter Häuser, nur diese zugeschwarteten Knasttypen saßen mittendrin wie die Gallier bei den Römern und führten ihren Tattooshop. Das Ding brummte wie die Sau. Die Leute haben Schlange gestanden, und die Jungs haben sich jeden Monat Tausende reingeschraubt. Allerdings wurden ihnen auch jede Woche die Scheiben eingeschmissen, weil die Hausbesetzer sie mit ihren rasierten Köpfen für Nazis hielten. Das wurde allerdings schnell abgestellt. Es war ja noch die Zeit der Schutzgelderpressung, wo Rockerclubs nicht nur dafür gesorgt haben, dass es in ganz Berlin nicht mehr als zwanzig Tattooläden gab, sondern diese Tattooläden gegen ein monatliches Schutzgeld auch unter ihren Schutz nahmen. Die Rocker sind also mit zwei Pick-ups und sechs Motorrädern bei den Steineschmeißern in den besetzten Häusern vorgefahren und haben denen zwei Stangen Dynamit auf den Tisch geknallt.

Nach dem Motto: »Jetzt hört mal zu, ihr Pappnasen. Das sind unsere Jungs in dem Tattooladen. Lasst eure Steineschmeißerei, und pisst nicht in unseren Vorgarten, okay? Wenn wir noch mal herkommen müssen, verstecken wir euch fünf angezündete von diesen Stangen in eurer Butze, ihr Fotzen.«

Damit rauschten die mit ihren Pick-ups und Motorrädern ab, und die Anarchos, die sonst alles mit Steinen plattmachten, waren total perplex. Danach blieben die Scheiben heil.

Woher ich das weiß? Weil ich natürlich sehr bald selbst in diesem ersten Osttattooladen landete. Unweigerlich. Wie ein Angler, dessen Boot in einen Strudel gerät. Der Kontakt zu den Jungs lief erst über drei Ecken, über irgendwelche alten Freunde aus der Tattooszene. Die nahmen mich da mal mit hin. Die Typen, die da tätowierten, waren für mich Götter. Sie waren die ersten Maschinentätowierer, die ich außerhalb des Knasts kennenlernte. Also hab ich Termine bei denen gemacht. Diese Termine waren heilig. Mir wäre nicht im Traum eingefallen, da nicht hinzugehen, zu spät zu kommen oder keine Kohle dabeizuhaben. Für so was gab's damals knallhart aufs Maul.

Die erste Tätowierung, die ich in der Pfarrstraße bekommen habe, war ein Drache auf dem Oberarm. Nach der Pleite meines Reisebüros war ich voll in die Türsteherszene eingestiegen. Wir waren eine Gang von zwölf Leuten, die gemeinsam an der Tür standen, und der Drache war unser Erkennungsmerkmal. Ein üblicher Brauch. Jede Rockertruppe hatte ihr eigenes Emblem. Und wenn jemand in Ungnade fiel, bekam er das Tattoo wieder rausgebrannt. Das sind nicht nur Geschichten. Da wurde richtig klassisch mit einem glühenden Eisen gearbeitet. Ich war nie dabei, habe aber bei anderen Leuten die Narben gesehen. Richtig krass.

Bei mir kam dann noch ein zweiter Drache auf der anderen Seite dazu. Dann wurde der halbe Rücken mit asiatischen Hannya-Masken zugearbeitet, dann kam der Unterarm. Ich habe mich in den Neunzigern sehr viel tätowieren lassen, aber es ging dabei um nichts, außer darum, Kriegsbemalung aufzulegen. Ich stand abends eben an der Tür, und da war es wichtig zu zeigen, dass ich ein harter Bursche bin. Das lief ähnlich wie im Knast.

Allerdings habe ich die Türsteherei nie richtig gemocht. Mir gingen der Job und die ganzen Geschäfte und Geschäftchen, die damit verbunden waren, auf den Sack Ich hab's zwischendurch auch noch mal mit einem Reisebüro versucht. Da hab ich mir alles Mögliche einfallen lassen, um konkurrenzfähig zu bleiben. Zum Beispiel wurde jeder, der bei mir eine Reise buchte, umsonst zum Flughafen gefahren. Das war ein Service, den ich aus Amerika kannte. Irgendwann stand das Landeskriminalamt vor der Tür und wollte die Einnahmen aus den Umsätzen für die Aktion sehen. Aber es gab ja keine Einnahmen, weil das eine Serviceleistung war. Das hat der Typ vom Amt nicht gerafft und ist wieder gegangen. Dafür kam zwei Wochen später ein Typ wieder, der aussah wie der Buchstabenverkäufer aus der Sesamstraße. Der war von der Zentrale zur Bekämpfung unlauteren Wettbewerbs. Er meinte, ich hätte den Fahrservice sofort einzustellen, weil er den Wert eines Kundengeschenks um ein Vielfaches überschreiten würde.

Mir war das alles irgendwann zu blöd. Ich hab Konkurs angemeldet und bin zurück in meine Türsteherkreise. Boogaloo, Walfisch, Tresor – in diesen ganzen Berliner Clubs habe ich noch an der Tür gestanden. Für viele Teenager mag es der Traum sein, vor der Disco den Proll zu geben, aber mir ging es auf den Sack. Ich war inzwischen Mitte zwanzig und hatte in den zehn Jahren zuvor definitiv genug Prügeleien mitgemacht. Anfangs hatten die noch Bedeutung für mich gehabt, aber jetzt waren sie nur noch Mittel zum Zweck. Mit den Tattoos war es ähnlich. Irgendwie hatte ich den Glauben an alles verloren. Andererseits: Ich glaube nicht an Zufälle. Und ohne meine Türsteherkontakte wäre es wahrscheinlich nie zur Eröffnung meines Tattooladens gekommen ...

MEIN ERSTER TATTOOLADEN

»Da saßen wir: ein Grufti, ein Lehrling,
mein kiffender Tätowiererkumpel
und ich, der keine Ahnung hatte.
Und es passierte gar nichts.«

Als ich 1999 den ersten Classic-Tattoo-Laden eröffnet habe, hatte ich eigentlich gar keine Ambitionen, voll in die Tattoowelt einzusteigen. Ich ließ mich zu dem Zeitpunkt zwar immer noch viel tätowieren und probierte hier und da ein bisschen rum, aber eigentlich war das eine Phase, wo ich gar nicht auf die Idee gekommen wäre, Tätowierer zu werden. Aber ich erfuhr über einen Türsteherkumpel, dass ein alter Kollege, der Tätowierer war, Schwierigkeiten mit seinem Geschäftspartner hatte. Der wollte raus aus der Situation. Und ich hatte ein bisschen Geld übrig, also habe ich mit ihm zusammen den Classic-Tattoo-Laden eröffnet, zunächst ohne den Anspruch, mich selbst voll auf Tattookunst einzuschießen. Alle Erfahrungen, die ich bis dahin gemacht hatte, basierten auf dem, was ich bei meinen großen Tattoogöttern gesehen hatte, von denen dieser Kumpel einer war. Ich selbst habe mich eher kleingemacht. Bei der Eröffnung des ersten Ladens hätte ich also nicht im Traum daran gedacht, dass ich mal eine Tätowiererkarriere hinlege.

Der ursprüngliche Classic-Tattoo-Laden war ein ganz kleiner Kellerladen nebenan vom jetzigen Geschäft. Der hat damals 300 D-Mark Miete gekostet, und in der Umgebung gab es sonst nichts. Heute ist hier das Arbeitsamt, Schlecker, Dönerläden, alles, aber als wir vor zwölf Jahren angefangen haben, war auf der Torstraße nichts los. Hier fuhr die Straßenbahn, und es war eine Hauptverkehrsstraße, aber es gab keine Anlaufpunkte für Laufkundschaft. Der Typ, dem der Laden gehörte, war so ein typischer Immobilienheini. Er guckte zwar ein bisschen komisch, als er hörte, dass wir einen Tattooladen aufmachen wollten – damals war Tattoo noch viel stärker mit Gangster- und Verbrecherimage verbunden –, aber irgendwie handelten wir dann doch einen ganz guten Deal aus, und der Spaß konnte beginnen.

Am Ende wurde der Laden eröffnet, ohne dass ich irgendeine Ahnung vom Tätowieren gehabt hätte. Ich war Alleininvestor, mein Kumpel war gemeinsam mit unserem Lehrling Marco fürs Tätowieren zuständig, und ein Typ aus der Gruftiszene war unser Piercer. Das war alles über Kontakte gelaufen. Nach dem Motto: Ein Kumpel hat einen Kumpel, der einen Kumpel hat, von dem er weiß, dass der nächste Kumpel piercen kann. Wir waren also eine Mannschaft aus einem Grufti, einem Lehrling, meinem kiffenden Tätowiererkumpel und mir, der keine Ahnung und nur das Geld gegeben hatte. Bevor der Laden eröffnete, musste ich bei den großen Tätowierern und Rockerclubs der Stadt vorsprechen und fragen, ob ich den Tattooladen überhaupt aufmachen darf. Das war damals gang und gäbe. Da schloss man nicht einfach auf, wie die Kids das heute machen und sich dann wundern, wenn doch mal jemand vorbeikommt und ein bisschen Schutzgeld erpressen will. Ich wusste das und habe vorgebaut.

Und ich war damals schon eine bekannte Sau in der Stadt und mit den Rockern befreundet. Leute, die keine Kontakte hatten, hatten es schwerer. Die mussten mit ihrem Anliegen direkt in den Clubhäusern der Rocker vorsprechen. Und wenn die Ja gesagt haben, wurde festgelegt, wie viel Schutzgeld im Monat zu zahlen ist. Dann hängten sie ein Foto von ihrem Club in den Laden, und ihnen gehörte das Ding. Ich kenne Geschichten von Leuten, die ihr Schutzgeld nicht bezahlt haben. Denen wurde der Laden komplett zerhackt. Und wenn ein Typ auf Konfrontation ging, wurde Berlinverbot erteilt. Dann durften er in Berlin nicht mehr tätowieren. Wenn er sich daran auch nicht gehalten hat, wurden ihm die Hände gebrochen.

Bei mir liefen die Gespräche ganz locker. Aber ich wurde natürlich auch belächelt. Nach dem Motto: »Ach, der Krause, der macht jetzt 'nen Tattooladen auf. Dem geben wir mal ein Jahr, dann ist der wieder weg vom Fenster.«

Heute wird Schutzgelderpressung hart bestraft und geahndet, da überlegen sich die Rocker zweimal, was sie tun. Die Bullen kommen sofort vorbei, wenn ein Laden aufmacht, und sagen, man soll Bescheid sagen, wenn's Probleme gibt. War bei uns auch schon so. Damals, Ende 1999, war so eine Umbruchphase.

Gut, wir schlossen den Laden auf, zur Eröffnung kamen Freunde vorbei, es gab ein paar Bierchen, und dann sollte es losgehen. Aber nichts ging los. Es passierte gar nichts. Wir saßen rum, und niemand kam. Der Lehrling hatte noch keine Kunden, der Grufti auch nicht, und mein Kumpel, auf dessen Stammkunden ich spekuliert hatte, hatte offenbar gar keine. Nach vier bis sechs Wochen war klar, hier passiert nichts. Ich verstand die Welt nicht mehr. Damals gab es maximal 40 Tattooläden in Berlin, und ich dachte, bei ein paar Millionen Einwohnern kann es kein Problem sein, ein paar Kunden abzugreifen. Aber es war irgendwie doch ein Problem, und der Laden krampfte vor sich hin. Also musste ich noch mehr Geld einlegen, um fette Werbung zu fahren und, und, und. So fingen wir Schritt für Schritt an, »Unser kleiner Tattooladen« zu spielen. Wenn ein Piercingtermin reinkam, mussten alle anderen aufhören zu tätowieren, weil dann der Piercer den Laden brauchte.

Wenn man diese ganzen Geschichten rückblickend betrachtet, war das eigentlich eine totale Katastrophe. Der Einzige, der sich richtig gut entwickelt hat, war unser Lehrling. Er zählt heute zu den besten Tätowierern der Stadt. Aber sonst war es ein Desaster, das ich mir allerdings permanent schöngeredet habe. Denn es war ja unser Tattooding. Ich kam in diesen Keller und war ein Teil von diesem Unternehmen, alles war cool, meine Freunde waren da. Dass wir von der Geschichte nicht leben konnten, war zweitrangig. Aber unter keinen Umständen wollte ich diesen Laden wieder hergeben. Und so unglaublich es klingt: Irgendwann kamen immer mehr Piercingkunden, es kamen immer mehr Tattookunden – und ich bekam allmählich Bock, selbst zu tätowieren.

BOSS IN DER LEHRE

»Von neun bis zwölf hab ich geputzt,
und nachmittags war ich der Chef.
Das musst du erst mal gebogen kriegen.«

Nach und nach kamen die ganzen Dinge, die ich schon übers Tätowieren wusste, wieder hoch: die ersten Versuche aus dem Osten, die Erinnerungen, der Kult, die geilen Berührungen. Und weil ich ein Typ bin, der, wenn er etwas macht, es 100 Prozent macht, wollte ich endlich mitmischen. Man bekam von den Weibern ja auch ständig die Eier dick geschmiert. Die fragten: »Ey, cool, ist das dein Tattooladen hier?« Dann stand ich da, konnte nicken und den fetten Boss spielen. Allerdings kam dann oft hinterher: »Wie, und du tätowierst gar nicht?« Das war die schlimmste Frage für mich. Dieser Zustand, sich selbst eingestehen zu müssen, ich bin zwar der Boss, aber ich bin nicht der Tätowierer, hat mich wahnsinnig gemacht. Also hab ich, vom Ehrgeiz gepackt, immer mehr mitgeholfen im Laden, ich habe für die anderen Tätowierer die Nadeln gelötet, und irgendwann fing es an mit meinen ersten Opfern, die ich nur unter Einfluss von massiv viel Alkohol tätowieren konnte, weil meine Hände so gezittert haben.
Aber ich wollte kämpfen, hab hier probiert und da um-

sonst tätowiert, bis es irgendwann Streit gab. Da sagten die Jungs zu mir: »Was soll der Schnickschnack hier? Entweder wir machen einen professionellen Tattooladen, und du spielst nur den Chef. Oder du machst den Chef und den Tätowierer, dann muss deine Qualität besser werden, du machst uns sonst unmöglich.«

Das war eine klare und richtige Ansage. Um einen Laden aufzubauen, musst du ständig Qualität anbieten. Es heißt am Ende ja nicht »Krause hat Scheiße gebaut«, sondern »Bei Classic Tattoo war es scheiße«, was auch auf alle anderen zurückfällt. Was zwei Tätowierer rausrissen, riss der dritte wieder rein – in dem Fall ich. Das hatte zur Folge, dass ich mich in meinem eigenen Laden zum Lehrling gemacht habe. Für einen Typen wie mich, der in seiner Machowelt lebt, war das gar nicht so einfach. Ich habe von morgens bis mittags geputzt, Nadeln gelötet, für die anderen die Arbeitsplätze vorbereitet, und am Nachmittag war ich wieder ihr Chef. Das musst du erst mal gebogen kriegen. Den anderen war das fast peinlich, aber ich wollte es so. Obwohl ich es selber grenzwertig fand.

Natürlich kam es, wie es kommen musste: Ich wollte zu schnell zu viel. Einmal gab es eine Situation, in der ich partout eine besonders süße Maus tätowieren wollte, obwohl Marco, der inzwischen vom Lehrling zu meinem Meister geworden war, sagte, dass ich noch nicht so weit bin. Da hab ich dann eben doch den Chef raushängen lassen und gesagt: »Doch, ich bin so weit.«

Ich stolziere also am nächsten Tag mit meinem schicksten T-Shirt in den Laden, die Kundin sitzt schon vorne, und ich will heute mal den ganz dicken Max raushängen lassen, und dann komme ich an meinen Arbeitsplatz, und da liegt meine Tattoomaschine und ist in alle Einzelteile zerlegt. Marco, dieser kleine Penner, hatte das Ding komplett auseinandergebaut. Ich hatte aber noch nie eine Maschine zerlegt und wieder zusammengesetzt. Nun stand ich da mit hochrotem Gesicht und 'nem Fragezeichen überm Kopf, und der Typ kam grinsend rein, meinte: »Na, wenn du schon der große Tätowierer bist, dann wird das ja kein Problem für dich sein«, und ging wieder raus. Ich hätte ihm am liebsten aufs Maul gehauen. Das war richtig alte Schule. Aber es war mir eine Lehre.

Es ging dann aber doch relativ schnell, dass ich meine ersten zwei, drei Bilder stechen durfte. Unter Zittern und unter Anleitung. In dem Moment, wo du die Nadeln in die Haut treibst, wenn das Blut fließt und du die zuckende, schmerzempfindliche Haut eines Menschen vor dir hast, entscheidet sich erst, ob du überhaupt Tätowierer sein kannst. Ich vergleiche das mit dem Medizinstudenten, der zum ersten Mal eine Leiche seziert. Viele kotzen dabei los. Bei mir waren es »nur« dieses Zittern und die brutale Aufregung, aber es war trotzdem heftig. Dabei waren es anfangs nur einfache Tribals, die ich gestochen habe, also geschwungene Muster, die die Körperformen betonen, wie zum Beispiel das berühmte Arschgeweih. Solche Tattoos langweilen mich heute eigentlich nur noch, weil sie in der Regel keine Bedeutung haben, aber zum Üben waren sie genau richtig.

Manchmal habe ich auch alte Tätowierungen ausgebessert, die aufgearbeitet werden mussten. Dass die Leute sich überhaupt für so was hergeben, finde ich krass. Du hängst einen Zettel ins Fenster, auf dem steht »Tattoo-Anfänger sucht Probanden«, und prompt stehen jede Woche vier, fünf Leute auf der Matte. Da frag ich mich: Sind die Leute eigentlich bekloppt? Man muss sich das mal auf der Zunge zergehen lassen: Tattoo-Anfänger sucht Probanden. Unter dem Aspekt, dass Tattoos fürs Leben bleiben und schön sein sollen, muss man doch verrückt sein, sich bei einem »Tattoo-Anfänger« auf den Stuhl zu setzen. Aber es kostete halt nichts. Und meine richtigen Tätowierer haben natürlich versichert, dass sie's wieder geradebiegen, wenn etwas potz danebengeht. Trotzdem bekloppt. Andererseits ermöglichen die Probanden einem Anfänger über einfache Motive, seine ersten Erfolge zu feiern. Wupp, hast du vier, fünf Fotos von Tattoos, die du gestochen hast, die du als Referenz anbieten kannst. Und schon setzen sich auch ein paar Leute für ein Farbengeld von damals 50 D-Mark bei dir hin. Und über die Übung, die du dann regelmäßig bekommst, lernst du dazu. Tätowieren ist Learning by Doing. Du musst die Maschine jeden Tag in die Hand nehmen. Bis die Sehnen sich eingerockt haben auf das Ding, bis die Arme nicht mehr wehtun, bis dir Hornhaut gewachsen ist. Du musst ein Gespür für die Geschwindigkeit, die Vibrationen und das Gewicht der Maschine bekommen. Die erste Maschine, die ich bekam, hat geröhrt wie ein Rasenmäher, aber ich hab sie geliebt. Das war meine heilige Maschine. Dann bekam ich irgendwann eine Micky-Sharpz-Maschine in die Hand, und ich dachte, ich dreh durch. Das ging so einfach. Vorher hab ich mich immer gefragt, wie die Kollegen diese ganz sauberen Linien hinkriegen, nun merkte ich, dass das wesentlich an der Maschine liegt. Das richtige Equipment ist das A und O. Wenn das Ding richtig eingestellt ist und sauber läuft, kommen die Linien von ganz alleine. Das ist wie mit dem Autofahren. Es heißt immer: Mach den Führerschein, kauf dir 'ne alte Schrottkarre und übe erst mal. Völliger Schwachsinn. Man macht sich das Leben mit den alten Kisten extraschwer. Beim Tätowieren ist es das Gleiche. Und da Tätowierungen den Leuten ein Leben lang erhalten bleiben, sollte man lieber gleich mit einer vernünftigen Maschine loslegen.

Jedenfalls feierte ich meine ersten Tattooerfolge. Gleichzeitig merkte ich, dass die Leute auf mich reagierten. Mir wurde schnell klar, dass ich mehr anzubieten hatte, als nur ein Bildchen zu malen. Ich hatte immer was zu erzählen, war nah dran an den Problemen der Leute und hab immer dieses Ding leben lassen, dass der Kunde zu unserer Tattoofamilie gehört.

Irgendwann beschwerten sich aber wieder meine Kollegen, dass ich jetzt aufhören müsste, fürs Farbengeld zu tätowieren. Das sei unfair ihnen gegenüber. War es auch. Denn die kriegten natürlich viel weniger Kunden, weil sie das Vierfache kosteten. Also wurde ich festgelegt auf bestimmte Stilrichtungen, die ich gut konnte. Den Rest haben die anderen unter sich aufgeteilt. Und wenn ich an einem Kunden doch einen Style ausprobiert habe, den ich noch nicht geübt hatte, musste ich eben ehrlich sein und dem sagen, dass ich das noch nicht richtig kann. Wenn du erst mal eine Weile dabei bist, kannst du dir diese Ehrlichkeit leisten. Das ist dann die Sache der Kunden, ob sie es zulassen.

Ansonsten gibt es am Anfang viel Lügerei. Du belügst die Leute und tust, als ob du was kannst, was du eigentlich noch nicht kannst. Es geht ja auch um Kohle, und du musst deine Miete bezahlen. Ich habe damals also einige Krücken verzapft. Noch heute kommen ab und zu Leute in den Laden, deren Tattoos ich mir angucke und sage: »Mein Gott, was ist dir denn da für ein Unfall passiert?« Dann sagen die: »Das hast du gemacht.«

Glaubt mir, diese Leute sitzen ganz schnell in meiner Kammer, und ich bessere die Dinger für umsonst aus. Für alte Sünden schämt man sich natürlich. Aber jeder Tätowierer macht in seinen Anfängen massenhaft Mist. Glücklich sind die, die ihre Schlamperjahre hinter sich gebracht haben und sich voll auf ihre Arbeit und ihre Kunst konzentrieren können.

ENDLICH TÄTOWIERER

»Ich weiß, dass meine ehemaligen Kollegen sich gefreut hätten, wenn ich baden gegangen wäre. Aber den Gefallen habe ich ihnen nicht getan.«

Ich war also auf einmal Tätowierer, der auch regelmäßig Geld damit verdiente. Ich fühlte mich aufgewertet, auch wenn mir anfangs gar nicht richtig klar war, dass ich jetzt wirklich zu den Typen gehöre, die seit vielen Jahren meine Götter waren. Trotzdem: Auf einmal war das eine Jahr rum, das mir meine Kritiker maximal gegeben hatten, aber der Laden existierte immer noch. Und nicht nur das. Er war zu klein geworden. Wir mussten den engen Keller verlassen und sind ein Haus weiter in einen richtigen Eckladen umgezogen, der dreimal so groß war. Das hieß: tagsüber tätowieren und nachts den neuen Laden ausbauen. Über Monate habe ich jede Nacht maximal sechs Stunden geschlafen, doch das war es mir wert. Diese Zeit ist auch der Grund, warum ich mich heute wirklich als Herzstück von diesem ganzen Classic-Tattoo-Ding fühle. Ich bin volles Risiko gefahren, um meinen großen Traum zu verwirklichen: einen großen schönen Eckladen, in dem jeder seinen eigenen Tattooraum hat. Anfang 2001 haben wir das Ding eröffnet. Ich war natürlich stolz wie Bolle, aber die ersten zwei Jahre waren hart. Ich musste in Konkurrenz gehen. Irgendwann habe ich eine Fahne vor die Tür gehängt, auf der stand: »Alle Piercings 30 Mark«. Dieses Teil hängt bis heute draußen, und die Leute wundern sich höchstens drüber, weil es zerfetzt ist und von der Sonne vergilbt. Aber als die Fahne neu war, hätten mich viele am liebsten gelyncht deswegen. Unter der Hand haben sie zwar alle für 30 Mark gepierct, aber der offizielle Kurs lag bei 80 oder 90. Da gab es dann Gespräche auf irgendwelchen Partys oder in der Bar, wo mir irgendwelche Tätowierervögel durch die Blume 'ne Ansage machen wollten. Ich dachte, ich hör nicht richtig.

»Du willst mir hier 'ne Ansage machen?«, sag ich. »Pass auf, ich hab mir hier was aufgebaut. Ich bin durch die schlimmen Jahre durchgegangen, ich hab mich durchgebissen, ich bin auf dem Zahnfleisch gekrochen und konnte meine Miete nicht bezahlen. Und jetzt kommst du hier rein und erzählst mir, ich soll das Schild abnehmen? Bitte, dann nimm's doch selber ab. Reiß es einfach runter. Aber sei dir im Klaren, das tust du nur über meine Leiche. Ich weiß, wer hier was macht und tut. Ich hab euch alle gefragt, ich hatte vor allen Respekt, und ihr habt höchstens rumgelästert und mir Steine in den Weg geworfen. Aber jetzt müsst ihr mit mir klarkommen.«

So viel Selbstbewusstsein hatte ich mittlerweile. Trotzdem hat es noch vier, fünf Jahre gedauert, den neuen Laden richtig zum Laufen zu kriegen. Es lief mal besser, mal schlechter, aber wirklich mit Kohle vollgepackt haben wir uns nie.

Irgendwann kam der große Abgang. Zwei Tätowierer gingen gleichzeitig: mein Kumpel und Marco, der Lehrling, der längst an uns allen vorbeimarschiert war. Es kam ein neuer Tätowierer, der nur zwei Tage die Woche bei uns war. Ich saß also alleine da, mit meinen Fähigkeiten, die nicht übergreifend waren, einem Tätowierer, der nur zwei Tage die Woche kam, und dem Piercer, der zeitweise auf einem völlig eigenen Stern zu leben schien und der eher unregelmäßig zum Arbeiten auftauchte. Auf einmal ging der alte Kampf vom ersten Tag wieder los. Mit dem größeren Laden waren die Kosten gestiegen, du musstest wieder neu klarkommen. Da war nix mit Lockerheit und einen saufen gehen und das geile Tätowiererleben genießen, es ging hart zur Sache. Wenn der Piercer nicht kam, weil er sich woanders rumtrieb, bin ich ausgetickt, weil der Umsatz fehlte. Jeder Termin, der ausfiel, war ein Megaverlust, der wehtat. Kurzum: Es war ein Knackpunkt in meinem Leben. Zwischendurch hätte ich den Laden fast verloren. Wieder habe ich gekämpft und geackert und darauf geachtet, dass ich keine Scheiße produziere. Dieser Eckladen war eben mein großer Traum.

Ich bin 2001 in diesen Kiez gezogen, und ich glaube, ich werde auch in 20 Jahren noch hier sein. Ich liebe das Feeling in dieser Hütte. Schon von weitem sieht man die bunten Graffiti an den Außenmauern, dann geht's fünf Stufen hoch in den Vorraum mit dem Empfangstresen, den Wartesofas und den abgeschlagenen Backsteinwänden. Dort hört man im Hintergrund schon das Brummen der Maschinen und spürt die Spannung in der Luft. Zu den Tätowierräumen geht's eine weitere kleine Treppe hoch. Für mich ist es regelrecht zum Ritual geworden, diese Treppe runterzukommen und zu rufen: »So, wer ist mein nächster Termin?«

Wir fahren hier einen guten Mix aus steril und Old School, also wir achten auf hygienische Rahmenbedingungen, fühlen uns aber trotzdem den alten Zeiten verpflichtet, in denen Tattoos noch als Markenzeichen der Außenseiter, der

Seemänner und Rocker galten. Es gibt ja heute Tattooläden, die aussehen wie Kunstgalerien oder Arztpraxen. Da ist alles durchdesignt. Aber in vielen solcher Läden fehlt mir das Herz. Da steckt keine Seele drin. Das ist hier anders, und das merken die Kunden. Auch am Umgangston. Bei uns ist jeder Kunde Mensch. Ist nicht überall so.

Einmal kam eine Frau mit Borderline rein. Ihr ganzer Arm war zerritzt, und sie fragte, ob man da was machen kann. Ich sage:»Klar, wir können was rübertätowieren, aber wir können nicht hart draufgehen, müssen eher schattierte Sachen machen.« Ich erklärte ihr also, was technisch möglich ist. Da fing sie plötzlich an zu weinen und erzählte, dass sie schon in mehreren Läden gewesen war, und im letzten hatte ihr der Typ ein Messer auf den Tisch geknallt und gesagt:»Mach doch weiter, ist billiger und einfacher.«

Wenn ich solche Geschichten höre, bestätigt mich das, meinen Weg an allen Kritikern vorbei weiterzugehen. Nach meinem eigenen Empfinden und in meiner eigenen Art. Ich bin nicht der Mann, der sich als Obertätowierer feiert, ich bin der Mann, der für seine Kunden da ist. Zugegeben: Anfangs habe ich diese Aufgabe manchmal etwas übertrieben – besonders bei den Frauen.

»Ein Tätowierer, der nicht hässlich ist
wie die Kotte, kann jede zweite Frau
in seinem Laden haben.«

Kurioserweise lösen wir Tätowierer bei Frauen Dinge aus, die mir selber anfangs nicht klar waren. Inzwischen erkläre ich sie mir so: Anscheinend muss jede Frau sich in ihrem Leben irgendwann mal einer Drecksau hingeben. Da passen wir Tätowierer gut ins Bild. Wir sind tätowiert, Grobiane, haben meistens noch ein paar Muskeln, dadurch verkörpern wir einen bestimmten Typus. Dazu kommt der Schmerz, den wir verteilen, und dass wir Tätowierungen machen, die ohnehin ein Symbol für Härte sind. Um es kurz zu machen: Im Prinzip weiß man bei jeder zweiten Tattookundin, dass man sie in die Kiste kriegen kann. Das spürt man. Und es ist irgendwie auch logisch. Schon bevor die Sitzung stattfindet, muss eine Frau so viel Vertrauen aufgebaut haben, dass sie sich vor dem Tätowierer auszieht, sich von ihm berühren, angucken und wehtun lässt. Das sind alles Punkte, für die man als Mann im Normalfall erst mal drei Monate Geplänkel und Gelaber über sich ergehen lassen muss. Diese drei Monate überspringen wir einfach mal. Und wir kriegen als Tätowierer noch etwas anderes dazu: die Neugier der Frau darauf, wie wir wirklich ticken. Wie ist ein Typ drauf, der Leuten täglich Schmerzen zufügt? Der so viele andere Frauen im Vergleich sieht? Da kommt bei vielen Mädels der Wettbewerbsgedanke durch. Die fragen sich: »Wie findet der Typ mich denn jetzt? Komme ich jetzt besser rüber als die Blondine, die vor mir die Treppe runtergekommen ist? Ist der wirklich so hart? Kann der's mir mal so richtig besorgen?« Diese ganzen krassen Gedanken werden von Typen wie uns ausgelöst.

Wenn ein Tätowierer also nicht hässlich ist wie die Kotte und ein bisschen reden kann, kann er wahrscheinlich jede zweite Frau in seinem Laden haben. Und sei es nur für dieses eine Mal. Das merkt man auch daran, dass 90 Prozent der Frauen beim Tätowieren ihre beste Unterwäsche tragen. Völliger Schwachsinn, weil die Wäsche hinterher meist total versaut ist. Ich arbeite mit schwarzer Tattoofarbe, die du nicht rauswaschen kannst. Das weiß jeder. Trotzdem kommen die Fräuleins in den feinsten rosé-Rüschen-schicken Dingern hier an. Manchmal hab ich das Gefühl, dass ein Drittel meiner Kundinnen vor der Tattoositzung extra Unterwäsche kaufen geht. Na, und dann entsteht fast immer ein Spiel. Viele produzieren sich mit einer geilen weiblichen Gestik, machen die tollsten Dinge. Das ist nicht immer angenehm, weil natürlich nicht jede Kundin gleich gut aussieht. Außerdem musst du als Tätowierer lernen, damit umzugehen – und wahrscheinlich auch erst mal ein paar Fantasien ausleben. Was soll ich sagen? Ich hab's getan.

DAS EXPERIMENT

Wie ist es eigentlich, wenn man gleichzeitig tätowiert und vögelt? Das ist eine Frage, die sich wohl jeder Tätowierer früher oder später stellt. Bei mir war diese Frage spätestens im Hinterkopf, seit ich meine ersten Tätowierungen ohne Zittern und Beben hinter mich gebracht hatte. Ich habe es bis heute nur ein einziges Mal getan. Aber dieses eine Mal hat gereicht.

Das war mit einer Kundin, von der ich wusste, dass sie extrem auf mich abgegangen ist. Oder ich dachte es zumindest am Anfang. Die kam in den Laden und hatte schon ein kleines Tattoo am Bein. Jetzt sollte es mit großen Sachen losgehen. Das Komische war: Sie schrieb zwar einen Termin nach dem anderen, aber sie hatte überhaupt keinen Plan und kein Konzept für ihre Tattoos. Erst wollte sie Blüten, dann Tribals, alles Dinge, die man beliebig erweitern konnte. Mir war das recht. Ich stand noch am Anfang meiner Tätowiererkarriere und wollte ordentlich raufpeitschen. Ich hab sogar angefangen, ihr Motive vorzuschlagen, die ich üben wollte. Nicht mal da hatte sie Einwände. Ich hab das anfangs interpretiert als Mix aus Sympathie für mich und Anerkennung für meine Arbeit. Als sie immer öfter kam, fing ich aber an, genauer auf sie zu achten. Diese Frau bekam jedes Mal Gänsehaut, wenn die Nadeln ihre Haut berührten. »Ist das jetzt schlimm? Oder friert die?«, hab ich mich anfangs gefragt, aber ich hab mir keinen Kopf gemacht. Das war ja auch sexy. Die Frau war sehr hübsch, und es gibt doch nichts Geileres als eine Frau, die bei jeder Berührung Gänsehaut bekommt. Ich konnte mich der Situation also gar nicht entziehen. Bei ihr wurde mir das erste Mal klar, dass Tätowieren auch Fetisch ist, dass der Schmerz andere Dinge auslösen kann als Unbehagen. Mir fing das an zu gefallen. Jeder Termin war wie eine Inszenierung. Die Frau kam, ihr Freund lieferte sie ab, dann zog sie sich oben aus und ging in ihre Position. Wenn der Rücken tätowiert wird, müssen die Leute obenrum nackt sein. Dann siehst du von hinten den Ansatz der Brust. Wenn dann eine Gänsehaut dazukommt, werden die Brustwarzen hart. Dann gehst du sowieso schon voll ab auf diesen Anblick und merkst zusätzlich, wie der Schmerz für diese Frau zum Genuss wird. Dann bist du derjenige, der die Alte mit der Maschine fickt. Das wird dir immer bewusster, obwohl du's gar nicht wahrhaben willst. Irgendwann redest du dir selber ein, was du für ein toller Hecht bist.

Wir fingen an, bei jeder Tattoositzung zu flirten. Vor jedem neuen Termin hatte ich dieses Gefühl: Hey, jetzt kommt die besondere Kundin, wo du mehr kriegst als nur das Tätowieren und ein bisschen Smalltalk. Und weil man mit der Zeit ein Verhältnis aufbaut, hab ich sie irgendwann gefragt, ob sie das Tätowieren geil macht. Sie grinste nur. Halb verlegen, halb frivol. Es war, als ob sie sich ertappt fühlte. Doch im nächsten Moment waren wir mittendrin in einem Dialog, wie sie Schmerz verarbeitet, und ob sie sonst schmerzempfindlich ist, und ob der Schmerz für sie ein Fetisch ist, und ob ihr Typ sie zu Hause auspeitscht. Sie war dabei die ganze Zeit sehr zurückhaltend, aber plötzlich fragte sie mich ganz direkt, ob ich schon mal beim Tätowieren Sex gehabt hätte.

»Wie jetzt? Ob ich schon mal Sex mit 'ner Tattookundin hatte?«

»Nee, gleichzeitig Sex und Tätowieren.«

Wer weiß, wie lange sie schon mit diesem Gedanken gespielt hatte? Ich wusste erst nicht, ob ich lachen, erschrecken oder angegeilt sein sollte. Da hast du so ein schüchternes Mädel vor dir sitzen, und auf einmal überwindet die sich, so eine direkte Frage zu stellen. Wie der Teenager, der das erste Mal mit Kondomen zur Kasse geht. Für mich stand jedenfalls spätestens zu diesem Zeitpunkt fest, dass ich dieses Experiment mit ihr durchziehe. Es kam also, wie es kommen musste: Nach noch einer Tattoositzung, noch einem Grinsen und noch einem Gespräch rutschte mir halb im Spaß raus: »Tja, dann werd ich dich wohl irgendwann vögeln und dabei tätowieren müssen.« Sie lachte wie immer. Halb verlegen, halb frivol.

Dann kam der nächste Tattootermin, ihr Typ lieferte sie wieder ab. Sie kam in meinen Raum, machte die Tür hinter sich zu und grinste. Ich baute ganz normal meine Maschine zusammen, zog meine Handschuhe an und drehte mich um ... Da saß die Frau völlig nackt auf meinem Stuhl. Diesmal komplett ausgezogen. Ich hab im Reflex so getan, als ob ich's nicht merke. War mir selber ein bisschen peinlich. Ich fing einfach an zu tätowieren, hab meine Arbeit gemacht und weiter ihren Rücken bemalt. Aber ich hab da ja keine normale Tattookundin mehr angefasst, sondern den mehr oder weniger ausgemachten nächsten Fick. Einen Körper, der in jeder anderen Situation für mich tabu gewesen wäre. Diese Frau lebte auf einer ganz anderen Ebene als ich. Die war Bankangestellte ihr Freund war ein ordentlicher, gepflegter, anständiger Typ. Aber irgendwie schien sie dieses Programm zu brauchen. Vielleicht hat sie sich selber dafür gehasst, weil es sie aus ihrem normalen Leben rausgerissen hat. Solche Gedanken schossen mir durch den Kopf, aber nach 'ner halben Stunde mit diesem nackten Arsch vor dem Gesicht hab ich's nicht mehr ausgehalten. Ich hab meine Handschuhe ausgezogen und meine Hose runtergelassen, hab sie auf den Stuhl gekniet und angefangen von hinten zu vögeln. Dabei hat keiner einen Ton gesagt. Von ihrer Seite war da komplette Bereitschaft, vielleicht auch ein Ertragen, keine Ahnung. Ich ging jedenfalls immer mehr ab, merkte aber, dass sie sich ständig nur irritiert umdrehte und guckte. Weil ich sie vögelte, aber nicht dabei tätowierte. So nach dem Motto: Ist mir scheißegal, was du hier spielst, hol endlich deine Maschine dazu und gib Gas. Na gut, ich habe also beim Vögeln meine Handschuhe angezogen, die Maschine genommen und lostätowiert. Das war ein farbfüllender Arbeitsgang, wo ich nur Flächen ausmalen und keine sauberen Linien ziehen musste. Alles andere wäre unmöglich gewesen.

In dem Moment, als die Maschine dazukam, ist diese Alte abgegangen wie eine Rakete. Die wand sich in alle Richtungen und wurde auch laut dabei. Ich musste sie festhalten. Normalerweise hätte ich gesagt, wir lassen das Ganze, aber da sich diese Situation über Monate aufgebaut hatte, wollte ich das Ding auch machomäßig durchfahren. Es hat allerdings höchstens zwei, drei Minuten gedauert, bis ich meine Bedürfnisse bei der Sache völlig beiseitegelassen habe. Ich hab einfach weitertätowiert, während die explodierte und sich selbst befummelte wie 'ne Verrückte. Nach 'ner halben Stunde war alles vorbei. Die Frau war verschwitzt, die war fertig, die war durch. Es gab eine etwas peinliche Verabschiedung, und dann ging sie. Danach hab ich sie nie wiedergesehen. Ich habe sie auch nie fertigtätowiert. Würde mich mal interessieren, was sie heute macht. Entweder war das nur der Einstieg, und heute ist sie zugeschwartet und lebt in ihrem Extrem. Oder es war die einzige Erfahrung in der Richtung, dann guckt sie zeit ihres Lebens ihren unfertigen

Rücken an und erinnert sich daran, was da abgegangen ist.

Für mich war die Geschichte dahin gehend lehrreich, dass ich kapiert habe, dass man als Tätowierer nicht zwangsläufig als Person geil gefunden wird. Mir wurde klar, dass 80 Prozent der Frauen, die was von Typen wie mir wollen, nichts Solides wollen, sondern lediglich eine Fantasie befriedigen. Diese Drecksaufantasie halt, mit der die meisten danach abschließen. Wie auch immer – diese Frau ist eine unauslöschliche, megageile Erinnerung in meinem Kopf.

DIE TÄNZERIN

Einmal tippelte eine Kundin hier rein, die Balletttänzerin war. Ist mittlerweile locker sechs, sieben Jahre her, aber für mich ist sie bis heute eine der erotischsten Frauen der Welt. Die hat auch schnell gemerkt, dass ich sie supersexy fand und hat mir gleich zu Anfang reingewürgt, dass sie lesbisch ist. Keine Ahnung, ob das stimmte oder nicht, auf jeden Fall war's eine tolle Frau. Sie war so leicht rothaarig, hatte ganz viele Sommersprossen. Und sie hatte diese graziöse Haltung, die eine Ballerina eben hat. Einen Schriftzug am Innenarm wollte sie haben. Ich baute also eine Liege auf, weil sie beim Tätowieren liegen und den Arm über den Kopf legen musste. Während ich alles vorbereitete, machte sie Atemübungen, zog die Arme immer an den Körper ran und atmete tief ein und aus. Als sie merkte, dass ich sie dabei beobachtete, meinte sie nur:

»Guck einfach gar nicht hin, ich mach das alles nur für mich.«

Später hat sie mir erzählt, dass sie Angst vor dem Schmerz hatte. Wie sie damit umging, hat mir einen Riesenrespekt eingeflößt. Diese halb meditativen Atemübungen, und wie sie sich dann mit einer unheimlichen Grazilität hinlegte. Der Oberkörper schwebte wie in Zeitlupe auf die Liege. Dann hob sie mit einer feinen, sehr weiblichen Bewegung den Arm über den Kopf. Die Augen waren dabei schon geschlossen. Das Mädel hat sich völlig reingegeben in die Situation. Sie hat dann noch mal gesagt, dass ich nicht abgeschreckt sein müsste, und dass sie das alles nur tut, um sich selbst zu beruhigen. Ich solle einfach meinen Job machen und Schluss. Aber ich habe mich nicht richtig getraut, sie zu berühren. Total krass. Ich hab erst mal nur beobachtet, wie sich ihr Körper bewegte, wie sie auf der Liege lag, immer noch mit diesem leichten Hohlkreuz und geschlossenen Augen, und wartete. Darauf wartete, dass ich ihr Schmerz zufüge. Dabei hatte sie ein bisschen Schweiß auf der Oberlippe, und die Augenlider vibrierten leicht. Richtig geil.

Als es dann losging, hatte sie sich so in den Schmerz eingefühlt, dass das Ganze mit mir eigentlich gar nichts mehr zu tun hatte. Ich kam gar nicht mehr an sie ran. Hat mich total fasziniert.

Irgendwann war die Tätowierung vorbei, sie umarmte mich und erzählte, dass sie sich vor dem Schmerz gefürchtet hatte. Immer noch mit dieser graziösen Gestik, die sie nicht loswurde. Ich war stehend begeistert von der Art und Weise, wie sie die Situation gemeistert hatte. Eine Frau, eine starke Frau, die weiß, dass sie Angst hat – Angst davor, dass ihr ein komischer Typ wie ich, der sie sowieso nicht interessiert, Schmerzen zufügt –, aber die Herausfor-

derung still annimmt. Das war besser als jede Mir-zeigt-ei-
ne-ihre-Titten-oder-den-Arsch-in-schicker-Unterwäsche-
Nummer. Eine völlig neue Erfahrung für mich. Der Gedanke an diese Frau begeistert mich bis heute, obwohl ich
auch sie nie wiedergesehen habe. Das sind so Begegnun-
gen, die man als Tätowierer aus dem Alltag mitnimmt.

DIE HOBBYNUTTE

Ein Beispiel für eine Frau, die hierherkam und sich wie
verrückt produziert hat, war ein Mädel, das ich gerne die
»Hobbynutte« nenne. »Hobby« deshalb, weil sie eigentlich 'ne ganz normale, biedere Sachbearbeiterin war,
»Nutte«, weil sie sich benommen hat wie eine.
Ich weiß, wovon ich spreche. Ich hab ja auch Huren, die
hierherkommen und sich tätowieren lassen. Denen muss
man teilweise erst mal erklären, dass man nicht ihr Freier
ist. Die kommen auf die Tour »Na, mein Kleiner, das ge-
fällt dir jetzt, wie?«, sodass man klarstellen muss: »Okay,
wenn wir überhaupt tätowieren wollen, dann müssen wir
jetzt mal einen Gang runterschalten, sonst lach ich mich
tot. Und noch was: Ich weiß nicht, was du den Männern
sonst aus der Tasche ziehst, aber hier bezahlst du, okay?«
So muss man mit denen reden, sonst denken die noch,
dass sie einem fürs Tätowieren einen blasen können.
Sind natürlich nicht alle so. Es gibt auch die coolen Nutten, mit denen ich lache und die ich hinterher auf der
Oranienburger Straße besuche, um mit ihnen was trinken
zu gehen.

Aber zurück zu der Sachbearbeiterin. Die ließ sich immer abends von ihrem Macker hier absetzen und wollte sich den ganzen Rücken mit Blumen zutätowieren lassen. Bei der ersten Sitzung fasste sie mir irgendwann ans Knie. Ich weiß bis heute nicht, ob es am Anfang sogar aus Versehen war. Jedenfalls fragte sie noch: »Stört dich das jetzt hier?«, aber ich nur »Na ja, mach halt«. Man will ja nicht unhöflich sein, und es war ja nur das Knie, ich hab mir also nichts weiter dabei gedacht. Die Tattoositzung ging vorbei, sie ging, ließ sich bald darauf zur nächsten Sitzung absetzen, und es ging wieder los mit dem Knie. Nur dass sie diesmal immer höher rutschte. Irgendwann hab ich die Hände hoch genommen und gesagt: »Hör mal, das Knie ist jetzt aber auch langsam mal vorbei!«

Irgendwann war es dann so weit, und sie griff mir während der Tattoositzung an den Schwanz. Dann fragte sie, ob ich nicht Bock auf Sex hätte. Na gut, an dem Abend kam es nicht mehr dazu, aber sie hatte ja noch ein paar Termine. Als das Ganze beim nächsten Mal also wieder von vorne losging, hab ich sie irgendwann doch gevögelt. Wenn du abends um 22 Uhr die letzte Kundin hast, und die kommt dir so direkt, sagst du dir irgendwann auch: Scheiß drauf, popp die Alte halt. Hab ich also gemacht. Und sie hat dabei gestöhnt: »Behandele mich wie deine Nutte. Mach mich fertig«, und so weiter und so weiter. Ich weiß nicht, ob die Frau zu viel Fernsehen geguckt hatte oder was, jedenfalls laberte sie einen Müll, ich hätte mich totlachen können. Ich musste irgendwann aufhören, sie zu vögeln. Ging einfach nicht mehr.

Bei ihrem nächsten Termin hab ich mir dann gedacht: Okay, diesmal vögelst du sie gleich zu Anfang, dann ist Frieden, und du kannst hinterher wenigstens in Ruhe arbeiten. Und dann hab ich das Weib weggefickt … Meine

Herren, das hat 'ne Stunde gedauert oder so. Jedenfalls klopfte unten irgendwann schon wieder ihr Macker an die Tür, um sie abzuholen, ohne dass wir überhaupt zum Tätowieren gekommen waren. Ich also runter, Tür aufmachen. Kurz darauf kommt das Mädel und will gehen. Da hab ich sie angehauen und meinte: »Hey, du musst noch bezahlen, oder?« Ich hab das eigentlich nur gesagt, damit ihr Typ nicht schnallt, was abging, aber das hat sie nicht richtig kapiert, glaub ich. Jedenfalls kam nur: »Wie jetzt, bezahlen?« Ich: »Na ja, ich hab dir immerhin eine Stunde meiner Zeit geopfert ...« Da knallte sie mir einen Hunderter auf den Tisch und rauschte wutentbrannt aus dem Laden. Tja, das war's dann mit den Blumen.

DIE SCREAM-QUEEN

Manchmal hört sich auch etwas ganz derbe an, ohne es zu sein. Es gab mal eine Kundin, die schrie immer beim Tätowieren. Bei der war das so ein Mix aus Kitzeligkeit und Schmerzempfindlichkeit. Die kam mit ihrem Freund hierher, der während der Sitzung unten auf der Couch warten wollte. Ich bereitete, nichts Böses ahnend, alles vor, machte ein bisschen Smalltalk, alles war nett. Aber in dem Moment, als ich die Frau mit der Nadel berührte, fing sie an zu schreien. Aber nicht so »Au«-mäßig, wie die Leute das normalerweise bei Schmerzen machen, sondern mit so einem »Ooohohooo«. Das hörte sich an, als ob die gerade gevögelt wird. Ich setzte kurz ab, bis sie sich beruhigt hatte, aber sobald ich wieder ansetzte, ging's von vorne los: »Ooohoho!« Und wieder: »Ooooohoho!« Beim nächsten Stöhner platzte ihr Typ in den Raum, um zu gucken, was los ist. Ich konnte nur sagen: »Du, alles cool. Ich hab meine Klamotten noch an. Ich mach hier gar nichts«, während sich die Frau über sich selbst totlachte. Die hat sich regelrecht bei mir entschuldigt und meinte: »Tut mir echt leid. Ich kann nicht anders.« Also meinte ich: »Können wir wieder?« Und schon ging's wieder los: »Ooohohohooo!«. Unten im Laden muss sich das angehört haben, als ob wir einen Porno drehen. Hab ich aus Scherz auch zu ihr gesagt: »Sag mal, wir sind hier doch nicht im Bordell.« Half aber auch nicht.

Ich stell mir das vor wie bei einem Lachkrampf, der nicht aufhört. Da wirst du auch nur angepiekst, und sofort bricht es wieder aus dir heraus. Oder du bist schwer bekifft, irgendwer sagt »Der Hund ist grün«, und du kannst nicht mehr weg von diesem Grün. So ähnlich stell ich mir das vor. Obwohl Frauen normalerweise gut mit Schmerz umgehen können. Besser als die Kerle. Viele Frauen machen's wie die Tänzerin und atmen sich da raus, bis sie nur noch die Vibration der Maschine spüren. Wenn sie es schaffen, diesen Schmerz und dieses Kitzeln mitzunehmen, und du kommst dann zu den erogenen Zonen, wie Leistengegend, innerem Oberschenkel oder Bauch, dann geilen sich die Weiber beim Tätowieren einen weg. Bamm! Das erleb ich richtig mit. Ich sitz mittendrin und gucke mir an, wie die sich einen geben. Solche Frauen schaffen das aber ohne »Ooohoho!«.

MÄNNER

»Manche Männerkörper machen
mich neidisch. Aber wenn du einen
fremden durchtrainierten Body
mit deinem Tattoo verschönert hast,
ist der gleich auch ein Teil von dir selbst.«

Mir hat mal eine Kundin gesagt, dass meine zutätowierten Arme auf sie wirken wie Männerstrapse. Aus dieser Aussage lässt sich schnell die Motivation ableiten, warum sich die meisten Kerle tätowieren lassen: Weil sie wissen, dass die Weiber drauf abfahren. Manche Typen machen daraus eine regelrechte Olympiade. Denen geht es beim Tätowieren nicht um Bedeutung, sondern ums Zuballern. Die gucken nur darauf, dass der Konkurrent am Strand auch ja nicht mehr Tattoos hat als sie selber.

Tattoos haben halt etwas Urmännliches, und ein Typ, der trainiert und harte Muskeln hat, unterstreicht das mit einem schön an den Körper angepassten Tattoo. Ich kann das sogar erotisch finden. Ich bin nicht in dem Sinne angegeilt davon, aber ich mag es, mit einem bestimmten Typus von Männern zusammen zu sein. Manche Körper machen mich auch neidisch. Aber wenn du einen fremden durchtrainierten Body mit deinem Tattoo verschönert hast, ist der ganz schnell ein Teil von dir selbst. Und wenn du den Typen zufällig in einer Bar wiedertriffst, und es stehen drei Weiber drumrum, dann erzählst du denen erst mal: »Guckt mal, das Tattoo hab ich gemacht.« Dann sehen die diesen geilen trainierten Körper mit dem Tattoo von dir, und es ist irgendwie auch gleich dein Körper, dem du nicht nur das Tattoo, sondern auch das Bauchbrett verpasst hast. Allerdings ist bei Kerlen die Ausstrahlung genauso wichtig wie bei Frauen. Ich kann bei mir die tollsten, trainiertesten Typen sitzen haben, wenn die das Maul aufmachen, und es kommt nur Gülle raus, gehen die mir auf den Sack.

Neben den männlichen Tattookunden hab ich in meinem Laden aber natürlich noch die Typen, die ihre Freundinnen zum Termin begleiten. Ich glaube nicht, dass die Frauen ihre Kerle unbedingt bei der Sitzung dabeihaben wollen, ich glaube eher, dass die Kerle sie unbedingt herbringen wollen. Das ist so ein Männerding: »Wenn der Tätowierer sieht, dass die 'nen Typen hat, dann traut der sich nicht ran an die Alte!« Die wollen checken: Ist der Typ gefährlich für mich? Ist der 'ne Konkurrenz?

Wenn ich so einen Typen loswerden will, konzentriere ich mich erst mal voll auf ihn. Ich checke den ab, nehm den mit in meine Welt und bringe ihn auf meine Höhe. Wie ein Raubtier, das sein Opfer einkreist und von der Herde entfernt. Sobald der sich sicher fühlt, ist er beruhigt, geht wieder Fußball gucken, und ich bin mit seiner Frau alleine. Aber jetzt geht's ja gerade gar nicht um die Frauen.

DER PIRAT

Was wirklich schräge Motive angeht, sind Männer kreativer als Frauen. Mein Klassiker diesbezüglich ist ein Typ, der ankam und eine Waschmaschine auf den Oberschenkel tätowiert haben wollte – mit Wäsche drin, Miele-Schriftzug und eingestelltem Waschprogramm. Das sind so Chancen, die man als Tätowierer nur einmal im Leben bekommt und wo ich keinen Moment zögere, sie sofort umzusetzen. Für so was sage ich sogar mittendrin einen Termin ab. Auf der anderen Seite gibt es aber auch Motivideen, die ich selber grenzwertig finde, die aber im Nachhinein Sinn ergeben. Das hängt von der Reife der Kunden ab, und man entwickelt mit der Zeit ein Feeling dafür.
Einer dieser eher grenzwertigen Fälle war ein Typ, der Knut, den Eisbären, tätowiert haben wollte. Damals lebte der noch. Makabrerweise aber nicht auf dem gewünschten Tattoomotiv, das ihn mit zwei Pfeilen im Rücken in einer Blutlache liegend zeigte. Und dann kam der Typ auch noch mit zwei kleinen Töchtern anmarschiert. Beide im besten Knut-Alter. Da hab ich mich schon gefragt, was mit dem Vogel nicht in Ordnung ist. Aber der fuhr seinen komplett eigenen Film und wollte unbedingt dieses Tattoo. Mein Freund Alex hat es dann gestochen, aber die Geschichten von dem Typen und seine anderen Tattoos hab ich trotzdem mitbekommen. Auf dem Oberschenkel hatte er ein Riesenporträt von sich selbst als Pirat drauf. Der Hintergrund dazu war, dass er der ewige Kämpfer gewesen war, der sich nie was hatte sagen lassen. Halt so ein Piratentyp, immer auf Angriff. Aber irgendwann musste er lernen, sich in der Gesellschaft ein- und unterzuordnen. Dafür stand ein kleines gesunkenes Schiff auf dem

Unterarm, das bedeuten sollte: Pirat war er immer noch, sein Schiff aber war gesunken, als er ins normale Leben zurückgekehrt war. Darauf muss man erst mal kommen. Wenn die Leute solche Dinger mit der nötigen Energie und mit Grips angehen, bekommen Idiotenmotive auf einmal richtige Tiefe.

Der abgeschossene Knut war übrigens auch nicht sadistisch gemeint, sondern als Protest gegen die Kommerzialisierung eines Zootiers. Schon schräg.

DER ACHTERBAHNFAHRER

Arschgeweihe lassen sich nur Frauen tätowieren? Stimmt nicht. Ich hatte auch einen Typen hier, der sich 'n Arschgeweih verpasst hat. Der ist Friseur, und er ist schwul. Ich habe immer mal wieder schwule Kunden. Bei manchen merkt man's, bei anderen nicht, aber bei ihm weiß ich es halt. Der kam vor acht Jahren zu mir mit diesem Arschgeweihwunsch. Ich sagte: »Mein Gott, bist du sicher?«, aber er wollte das unbedingt so, also hab ich's gemacht. Dieses Teil ist so schlecht geworden, dass ich über die Jahre immer mal wieder rangegangen bin, aber es geht mittlerweile sowieso unter. Inzwischen ist der ganze Rücken zutätowiert, dazu kommt ein komplettes Bein, und die Arme werden demnächst ebenfalls dichtgemacht. Es hat also jede Menge Sitzungen mit diesem Typen gegeben, und ich habe den Zickzackkurs in seinem Leben mitverfolgt. Erst besaß er einen angesagten Salon und hat richtig gut gelebt, dann ist er abgehauen in sein Heimatdorf nach Sachsen, um seinem kranken Vater dabei zu helfen, einen Schuppen hinters Haus zu mauern, dann war er wieder zurück in Berlin und hat eine heftige Drogenphase durchlebt. Der nimmt das Leben, wie es kommt. Und wenn er alle drei Monate hier andackelt, kannst du an seinem Gesicht genau ablesen, in welchem Sumpf er sich jetzt gerade wieder befindet. Als er seine Drogenphase hatte, sah der so fertig aus, dass ich gesagt habe: »Mensch, Alter, du kannst dich hier nicht so wegschießen. Pass mal auf dich auf.«

Dann kriegte er wieder die Kurve und machte auf einmal bei schwulen Pornodrehs mit. Aber die ganz grobe Nummer mit aufs Maul hauen und so. Einmal brachte er zum Tattootermin einen seiner Pornokollegen mit. Ich saß da und tätowierte, und die beiden quatschten über ihren Drehtag, als ob ich überhaupt nicht anwesend wäre. Heftige Scheiße. Die haben sich ein paar Holländer geholt, kahlrasierte Typen mit Bomberjacken und Baseballkeulen, und mit denen Keilereien inszeniert. Danach waren die so horny, dass sie selbst in den Drehpausen beim Catering noch weitergeblasen haben. So ging das in einer Tour. Die erzählten von der Nummer und von dem Typen und davon, wie sie sich die Baseballkeule auch noch mit der dicken Seite reingeschoben haben … Irgendwann sag ich: »Leute, jetzt reicht's! Schluss! Ich geh jetzt mal 'ne Viertelstunde Pause machen, und dann fangen wir noch mal von vorne an.« Da haben sich die zwei nur einen gelacht über mich.

Inzwischen ist der Typ aber schon wieder ganz solide. Nachdem sein Vater gestorben ist, hat er sich offenbar über die Endlichkeit des Lebens Gedanken gemacht und die Extreme mit seiner üblichen Alles-oder-nichts-Mentalität gestoppt. Das war wie 'ne Vollbremsung. Heute sitzt er morgens schon um sieben auf dem Balkon und trinkt 'ne Tasse Tee. Diese Achterbahnfahrten, die in so einem Leben drinstecken, kriege ich hier ungefiltert mit. Ich kenne meine eigenen Achterbahnfahrten, aber ich kann mir auch vorstellen, dass das bei anderen Leuten noch extremer ist. Die müssen dann auch irgendwann lernen, Nein zu sagen. Ist, glaube ich, bei vielen Schwulen so. Die sind dann in ihrer Probierphase und drehen völlig frei. Gerade weil sie von vielen Leuten als abnormal gesehen werden.

Für mich ist das nicht so. Wahrscheinlich weil ich das Gefühl selber kenne, als Tätowierer von den Leuten als Freak abgestempelt zu werden. Ich sage ja auch immer, stark tätowierte Menschen sind die Schwulen von heute. Die gehen einen ähnlichen Weg. Erst mussten sie sich verstecken, dann haben sie angefangen, um Anerkennung zu kämpfen, dann bekamen sie diese Anerkennung, und dann waren sie auf einmal total modern und sind durchgedreht. Und dann haben sie das Diskriminierungsklischee selbst wieder auf den Tisch gepackt, obwohl das eigentliche Problem war, dass sie sich in Drogen- und Partyexzessen verloren haben und nur deshalb keine Jobs mehr gekriegt haben, weil sie zu viel in der Kneipe gesessen haben. Am Ende liegt es an jedem selbst. Jeder baut sich sein Leben, egal ob schwul, tätowiert oder Bundeskanzler. Und wenn es mit dem Tätowieren zu viel wird, muss ich eben eine gute Auswahl an Rollkragenpullis zu Hause haben oder vorher überlegen, was ich da mache.

DIE ITALIENISCHEN
WELTMEISTER

Ich liebe Fußball, und ich lebe Fußball, da bin ich total ungebremst. Im Stadion raunzen Familienväter mich manchmal an, ich solle aufhören, Abartigkeiten zu brüllen. »Hey, das, was Sie hier rufen, ist nicht jugendfrei«, sagen die. Aber so leid es mir tut, beim Fußball hab ich meine Emotionen nicht unter Kontrolle. Ich könnte den Linienrichter vögeln, wenn der Scheiße baut.

Nun wissen wir seit 2006 alle, wie es ist, eine Fußballweltmeisterschaft in Deutschland zu erleben. Genau wie wir alle wissen, dass Deutschland der wahre Weltmeister war. Wir wissen alle, dass wir die tollsten Spiele abgeliefert haben, und wir wissen alle, dass Italien der ungerechtfertigtste Weltmeister ist, den es jemals gegeben hat bei einer WM. Nach Holland natürlich. Aber wie diese Italiener uns 2006 gedisst haben, ging gar nicht. Ey, wir haben die Argentinier geschlagen. Und dann kommen die Italiener mit Eingaben bei der FIFA, dass Frings nicht mitspielen darf, und solchen Scherzen, nur um sich Vorteile zu erschleichen. Ausgerechnet die Italiener, die in ihrer eigenen Liga mobben und bescheißen, dass einige Vereine eigentlich ihre Zulassung verlieren müssten. Kurzum: Ich hab die Italiener für ihr Fußballverhalten abgrundtief gehasst.

Aber ich hatte damals einen fußballunkundigen Shopmanager, der der WM keine wirkliche Bedeutung beimaß und offenbar nichts über die Emotionen wusste, die mir zuteilwurden, als Deutschland gegen Italien rausgeflogen ist. Ich kam jedenfalls eine Woche nach dem Endspiel in den Laden und hatte drei »Freundschaftstattoos« in meinem Kalender stehen. Ich wollte gerade fragen, was das bedeuten soll, in diesem Moment betraten drei Italiener meinen Laden, zwei waren Touristen, und einer war in Deutschland Eisverkäufer. Man muss es sich vorstellen: Eine Woche nach dem Niedergang der deutschen Fußballnation betraten drei Italiener meinen Laden, die allen Ernstes das Datum des Endspiels, die italienische Flagge und daneben vier Sterne für ihre Weltmeistertitel auf den Innenarm tätowiert kriegen wollten. Ich sagte zu diesen Typen: »Beim besten Willen. Es wird hier heute alles passieren. Aber ich werde euch nicht diesen Scheiß tätowieren.«

Da ging die übelste Diskussion ab, was die sich überhaupt erlaubten, hier anzutrampeln, es ging um die Spiele, um die WM und alles. Die drei Typen kapierten überhaupt nicht, warum ich mich so aufplusterte, aber ich stand schlagartig wieder mitten auf dem Spielfeld. Ich wollte diese drei Typen echt nicht tätowieren. Heute würde ich ihnen von mir aus zehn Sterne verpassen, aber so kurz nach dieser linken Nummer der italienischen Mannschaft ging das gar nicht. Irgendwann hab ich gesagt: »Passt auf, wenn ihr mir hier für euch alle drei zusammen 1000 Euro hinlegt, dann mache ich es vielleicht.«

Eigentlich sollten sie pro Tattoo nur 100 bezahlen. Die Typen sind allen Ernstes zur Bank gegangen und haben einen Tausender geholt. Bei so was werd ich dann doch zur Nutte. Ein Tausender ist immer noch ein Tausender, Essen ist Essen, und Miete ist Miete. Dann sollten sie eben ihr beschissenes Tattoo kriegen. Glaubt mir, ich hab draufgehalten. Ich verspreche hiermit allen deutschen Fußballfans, ich hab's Italien gezeigt. Die hatten alle drei noch keine Tattoos, und der Innenarm ist eine sehr sensible Stelle, aber ich habe denen das Ding reingeprügelt ohne Gnade. Die haben gezittert, das hat denen wehgetan, und ich konnte es ihnen sogar noch geben, als sie schon wieder draußen waren aus meinem Laden. Nach dem Tätowieren wird die Wunde mit Folie abgedeckt und abgeklebt. Nun hatten die drei sich ja ausgerechnet den Innenarm ausgesucht. Die lagen also mit freiem Oberkörper, den Arm über den Kopf gelegt, auf der Bank, und die Achseln lagen bloß. Und sie hatten alle drei einen unglaublichen Busch unter den Achseln. Da fiel mir eine letzte Gemeinheit ein: Ich hab kein normales Malertape zum Abkleben genommen, sondern silbernes Panzerband, das ich quer über die Achselhaare gezogen hab. Dann hab ich ihnen erzählt, das müsste jetzt Unterkante zwölf Stunden draufbleiben. Jeder, der tätowiert ist, kennt das unangenehme Ziepen, wenn man das Klebeband abmacht, aber was die Typen erlebt haben müssen, war Krause-Waxing. Meine späte Rache für die Fußballschmach bei der Weltmeisterschaft. All das für 1000 Euro.

Ich muss zugeben, dass mir die Aktion im Nachhinein ein bisschen leidtat. Geht ja eigentlich nicht, dass ich mich über eine unfaire Mannschaft aufrege und dann selber so 'ne linke Nummer abziehe. Aber ich hab's ja schon gesagt: Beim Fußball hab ich meine Emotionen nicht unter Kontrolle.

DER PORNO-OPA

Der Porno-Opa war Mitte sechzig, ging immer auf Erotikmessen, hat sich da einen angegeilt und kam dann mit seiner Tüte voller Pornoheftchen zu uns in den Laden. Sogar auf die Tüte waren blasende Weiber mit Balken draufgedruckt, und die Hefte hielt er mir auch noch unter die Nase. Krass. Ich hatte dem einen Teufel über den gesamten Oberarm tätowiert. Dieses Tattoo war fertig. Und es war schon fünfmal perfekt nachgestochen worden, aber der Opa wollte ständig noch eine Ecke und noch eine Farbe ausbessern. Dabei fragte er mich in seiner Notgeilheit immer aus, wie das ist, wenn die Mädels an der Muschi gepierct werden. Ob das toll ist und ob die abgehen und solche Sachen. Mir ging das auf den Sack. Irgendwann fing er an zu erzählen: »Du, ich mag das ja, wenn die Weiber das Sperma schlucken und sich so anspucken.« Ich weiß nicht, zum wievielten Mal ich ihm da geantwortet habe: »Du, geh mir nicht auf den Sack mit der Scheiße.« Er hörte trotzdem nicht auf. Und jetzt plaudere ich mal ein kleines Betriebsgeheimnis aus: Wenn ein Tätowierer von einem Kunden die Schnauze voll hat, dann setzt er die Maschine einfach nicht mehr ab. Wir nennen das untereinander »die Nadel drinlassen«. Normalerweise rührt man so ein bisschen rum. Zehn bis fünfzehn Sekunden an einer Stelle sind schon lang, alles dadrüber ist heftig. Jeder Körper, egal wie hart, kann nur begrenzt Schmerz ab und wehrt sich irgendwann. Als dieser Typ mit seinem Gequatsche, mit seinem bekloppten Pornogeseier nicht aufhörte, hab ich einfach draufgehalten. Ich hab so lange nicht abgesetzt, bis der meinte: »Ei, heut ist aber ganz schön doll. Ich glaub, ich bin nicht fit. Ich glaub, ich hab Schüttelfrost.« Hat für mich eine gefühlte halbe Stunde gedauert, in Wirklichkeit waren's wahrscheinlich zwei Minuten, aber diesen Typen musste ich loswerden. Und mit Worten abwimmeln ließ er sich ja nicht. Dann musste er eben leiden – auch für alle Mädels, die bis dahin von ihm angegeilt worden waren und nicht wussten, wie sie ihn loswerden sollten.

TÄTOWIERENDER PSYCHOLOGE

> »So ein Vogel wie ich
> kommt mit Weiberlogik?
> Da sind viele ganz überrumpelt.«

So, jetzt haben wir die Frauen durch. Und die Männer auch. Und wahrscheinlich denkt ihr jetzt alle, es geht beim Tätowieren immer nur um Sex. Stimmt irgendwie auch, aber natürlich nicht ganz. Meine Einstellung hat sich da im Laufe der Zeit auch verändert. Heute gibt es bei uns im Laden die Regel: Es werden keine Kunden mehr angeschraubt. Die Branche ist mittlerweile nun mal Mainstream. Das heißt auch, dass gewisse Dinge tabu sind. Da muss eine Kundin schon einen besonders dicken Holzscheit in den Kamin werfen, damit bei uns einer im Laden drauflosvögelt. Das ist ja auch gefährlich. Wenn du eine Kundin verbrennst und die sich nach der Vögelei verknallt, dann bist du sie als Kundin los, und weiterempfehlen wird sie dich auch nicht. Das Business ist hart, und der Job ist kein Rummelbumsen. Und ich werde mir das, was ich mir jahrelang aufgebaut habe, nicht kaputt ficken, nur weil ich meinen Leopold nicht unter Kontrolle habe. Nach so vielen Jahren sage ich oft, dass man mir heute selbst die Hübscheste auf den Bauch schnallen kann, ohne dass ich schwachwerde. Aber das hat auch damit zu tun, dass ich in den Anfangsjahren viele Dinge ausgelebt habe. Ob das immer richtig war, ist eine Frage. Wichtig war es auf jeden Fall. Für mich, aber auch für meine heutige Arbeit, denn ich glaube, dass ich durch diese Erfahrungen besser auf die Leute eingehen kann.

Ich rede gerne mit meinen Kunden und gebe viel, dadurch bekomme ich auch viel zurück. Von simplen Geschichten, wie es den Kindern geht, bis dahin, wer gerade gestorben ist oder was mit den Tattoos verarbeitet wird. Ich würde sogar sagen, dass ich so was wie ein tätowierender Psychologe bin. Ohne dass ich das unbedingt will. Ich muss es sein, weil ich viel Sensibilität einbringen muss. Ich empfange die Geschichten der Leute. Ich bin wie ein Schwamm, verarbeite die Ereignisse in meiner eigenen Logik und ziehe meine Schlüsse. Und irgendwas muss an denen dran sein, denn ganz viele Leute kommen zurück und haben nach unseren Gesprächen Dinge anders gemacht und dadurch ihr Leben verbessert.

Und wo wir gerade von der Frage kommen, ob es beim Tätowieren immer nur um Sex geht – es läuft in 70 Prozent der Fälle auf dieses Thema hinaus. Ich habe nicht umsonst viele Frauen Mitte dreißig bei mir auf dem Stuhl sitzen, die über Probleme mit Beziehung, Sex oder sonst was sprechen. Oft haben sie diese Probleme seit Jahren verdrängt. Und dann finden sie ausgerechnet in mir, dem Glatzkopf aus dem Tattoostudio, einen Ansprechpartner, der helfen kann. So ein Vogel wie ich kommt mit Weiberlogik? Da sind viele ganz überrumpelt. Bei anderen führt es dazu, dass sie mir nachts noch SMS schreiben. Da muss man versuchen, Distanz zu wahren.

Es gibt auch Leute, die zwar jammern, aber sich gar nicht helfen lassen wollen. Die nenne ich Energievampire. Die saugen an meiner Energie und suhlen sich in ihrem Leid, wollen in Wirklichkeit aber gar nicht raus aus ihrer Situation. Denen kann man nicht helfen. Bei allen anderen tue ich es gern.

Ein Beispiel: Ich erkläre Frauen Frauen. Ich habe zu 70 Prozent weibliche Kundschaft, davon haben 90 Prozent Probleme mit ihrem eigenen Körper, mit ihrer Sexualität oder ihrer Beziehung. Alle haben irgendein Ding am Rennen. Ich sehe das gar nicht negativ, das ist halt das Leben. Nehmen wir mal die Standardsituation »Unzufriedenheit mit der Beziehung«. Da knalle ich denen erst mal ein paar Stichpunkte vor: Poppt ihr noch? Zweimal im Monat oder nur noch einmal? Dann gucken die meisten komisch und sagen nichts. Dann sag ich nur: »Versteh schon. Einmal im Monat, und dieses eine Mal ist wahrscheinlich auch noch beschissen. Kenn ich selber.«

Danach tätowiere ich erst mal eine Weile mit belanglosem Gelaber weiter. Dabei merke ich, wie es in den Leuten arbeitet. Die werden neugierig und kommen, während ich beim Tätowieren meinen Scheiß vor mich hinfasele, von selber wieder auf das Thema zurück. Dann weißt du, du hast sie an der richtigen Stelle gekratzt. Ist auch keine große Kunst. Wenn eine Frau über zehn Jahre mit ihrem Typen zusammen ist, ist der Sex fast immer irgendwann scheiße. Das alleine stört viele Frauen gar nicht unbedingt. Die besorgen es sich sowieso jede Woche selbst. Aber wenn der Mann nicht mindestens einmal die Woche Sex stattfinden lässt, signalisiert er seiner Alten damit, dass sie für ihn nicht mehr attraktiv ist. Die meisten Frauen entwickeln das Bewusstsein für die eigene Attraktivität über den Sex, den sie von ihrem Partner bekommen. Wenn ich den Frauen so was erzähle, fühlen die sich erst mal komplett ausgezogen. Und dann sage ich: »Hey, das ist normal. Und weißt du was? Der Mann empfindet genauso.«

Und dann fange ich an, denen zu erzählen, wie ihr Sexleben aussieht. Dann sage ich: »Klar geht dein Typ fremd. Wahrscheinlich empfindet er das aber nicht mal als Fremdgehen. Der onaniert fremd. Wenn ein Typ in den Puff geht oder einen One-Night-Stand hat, weil er einfach mal wieder vögeln will wie die Sau, dann ist das reine Triebabfuhr. Und seien wir doch mal ehrlich: Du willst eigentlich genau das Gleiche. Aber dein Mann bietet das seit Jahren nicht mehr an. Da ist auch nichts Schlimmes bei. Ist normal. Aber das Problem ist, dass ihr nicht drüber redet. Eigentlich geht es auf beiden Seiten nur um das Ding, dass es mal wieder richtig rappelt in der Kiste.«

Viele Menschen haben dieses Reden überhaupt nie gelernt. Die haben nie gelernt, ihre Wünsche auszudrücken und direkt zu kommunizieren. Und die Nummer, dass sich eine Frau schicke Wäsche kauft und 'ne Kerze anzündet, könnt ihr vergessen. Sie funktioniert nicht. Es bringt auch nichts, zum Sexualtherapeuten zu rennen und sich von ihm erzählen zu lassen, man soll sich ein Tantra-Buch kaufen. Stattdessen müssen beide versuchen, Ursprünge wiederzufinden, sich zu fragen, wie war das damals, als alles angefangen hat. Und sie müssen sich entscheiden: Wollen sie um die Beziehung kämpfen oder nicht?

Wenn ja, muss die Frau erst mal aufhören, ihren Typen unter Druck zu setzen. Dann kommt meist: »Tu ich doch gar nicht!« Aber tun sie eben doch. Durch ihre Zickigkeit signalisieren sie ihrem Macker unterbewusst permanent, dass sie mit der Situation unzufrieden sind. Das Problem: So kriegt der Typ erst recht keinen gebacken, denn er muss das Ding ja immer noch hinstellen. Schafft er aber nicht, weil keine Erotik mehr drinsteckt, weil die Frau dieses Horny-Ding nicht mehr ausstrahlt. Das ist keine Kritik und kein Vorwurf, das ist einfach so. Dieses Horny-Ding kann man auch nicht herbeiquatschen oder erzwingen. Aber die Frau muss es trotzdem auslösen in ihrem Typen, wenn sie ihn behalten will. Und das schafft sie nur, indem sie ihn in Ruhe lässt und sich selber erotisch macht, zum Sport geht. Aber nicht für ihn, sondern für sich selbst. Sie muss sich wieder dahin bringen, wo sie sich selber sexy findet. Das ganze Theater muss aber nur stattfinden, wenn sie überhaupt noch Bock hat auf die Beziehung, sonst kann sie sich auch 'ne Käsetorte kaufen.

»Das musst du auschecken«, sag ich zu meinen Kundinnen. »Du musst für dich einen Katalog anlegen mit den Dingen, die dich stören. Wenn du hier schon frustriert über dein Sexleben quatschst, das ein unbedingter Pfeiler in der Misere ist, bist du eigentlich nämlich schon auf dem Weg in eine ganz andere Richtung.«

Das Ding ist: Frauen beenden ihre Beziehungen in einem ganz anderen Zyklus als Männer. Am Ende brauchen die gar keinen zwingenden Grund. Ich bin sogar so frech zu sagen: Ein Mann, der es schafft, den Spannungsbogen bei einer Frau über sexuelle Beachtung, über das Auslösen von Konkurrenzdenken (meine Freundinnen begehren ihn auch) zu halten, der kann fremdgehen, so oft er will, sie wird ihn nicht verlassen. Das ist dieses Phänomen, das wir Männer an euch Frauen nicht verstehen. Man kann euch noch so scheiße behandeln, ihr kraucht trotzdem wieder an. Aber wenn's jemand richtig gut meint mit euch, wird der so schnell unspannend, wie man gar nicht gucken kann. Weil das Konkurrenzdenken bei euch noch viel schlimmer ist als bei uns Kerlen. Ihr steckt unter eurem eigenen Erfolgsdruck. Ihr wollt euer Emanzipationsding durchziehen, ihr wollt euren Willen durchsetzen und dabei noch den coolsten, schönsten und besten Typen abbekommen. Ihr habt nur das Problem: Im tiefsten Innern wollt ihr euch eigentlich doch anlehnen und geborgen fühlen. Wir Menschen sind Tiere, wir leben nach Instinkten. Und einer dieser Instinkte ist: Das ist mein Herdenvater, und da will ich hingehören. Und wenn du diesen Instinkt spürst, verstehst du dich manchmal selber nicht, weil er deinem Konkurrenzdenken widerspricht.

Wenn ich den Frauen das soweit erklärt habe, komme ich zurück auf diesen Trennungszyklus. Es passiert Folgendes: Wenn du als Frau deine sexuelle Beachtung nicht mehr bekommst, stellst du irgendwann alles in Frage. Du stellst die ganze Beziehung in Frage, die letzten Monate und die vergangenen Jahre, die du mit ihm verschwendet hast. Dazu kommen die Eifersucht und die Frage, ob du ihm noch vertrauen kannst. All diese Dinge zerstören Stück für Stück alles, was ihr mal hattet. Wenn du schon so weit bist und keine Erklärung für deine eigene Unzufriedenheit findest, weil du dich nicht damit auseinandersetzt, so wie jetzt mit mir, dann merkst du irgendwann, dass dieser Typ, der da bei dir zu Hause auf der Couch liegt, nur noch aus einem dicken Bauch besteht. Und aus Socken, die in der Gegend rumfliegen. Und aus dem lauten Geschnarche, das dich schon so lange stört. Dieser niedliche, dickliche Typ, der für dich irgendwann mal intelligent war und charmant, ist auf einmal nur noch ein fetter Klugscheißer. Und jetzt baust du Stück für Stück ab. Du machst einmal Schluss für die Socken. Einmal Schluss für den Bauch. Einmal Schluss für das Schnarchen. Wenn er dich sexuell befriedigt hätte, hättest du ihm diese ganzen Dinger verziehen. Aber das hat er nicht geschafft. Er hat seinen Job nicht gemacht.

Und jetzt wühlst du dich durch sein Handy, und du liest seine Mails. Aber du machst das gar nicht, weil du wirklich was wissen willst. Du betrügst dich selbst, weil du immer noch nicht die Entscheidung getroffen hast. Wenn du die Beziehung gewollt hättest, hättest du nicht wühlen dürfen. Denn dein Job ist es genauso, an der Beziehung zu arbeiten. Und wenn du anfängst zu wühlen, bist du eigentlich nur auf der Suche nach einem Trennungsgrund, der sich dramatischer anhört als Socken, Bauch und Schnarchen. Du bist auf der Suche nach einem Grund, der dir die Entscheidung abnimmt, ob du die Beziehung willst oder nicht. Dann findest du auf einmal ein Foto, auf dem gar nichts passiert. Da sitzt dein Typ beim Essen mit 'ner hübschen Alten. Und dann – bamm – machst du sofort Schluss. Du machst Schluss, Schluss, Schluss, Schluss. Alle deine Freundinnen sagen: »Das geht ja gar nicht, so ein Penner.« Und der Typ ist schuld.

Du machst aber gar nicht Schluss wegen diesem Foto. Eigentlich ist dieser Moment das erste Mal seit Jahren, dass du wieder ein Gefühl verspürt hast bei diesem Mann. Eifersucht setzt Liebe voraus. Und jetzt sitzt dein Typ da und realisiert: Natürlich hat er sich ein bisschen für die Frau auf dem Foto interessiert, aber ihm wird bewusst, dass die ihm gar nicht wichtig ist. Er war ja zufrieden in seiner Welt. Vielleicht sogar so zufrieden, dass er zu faul war fremdzugehen. Also will er zurück: Und er denkt, alles, was er getan hat, war dieses eine Treffen mit dieser Frau, oder die eine SMS, die er nicht gelöscht hat oder, oder, oder. Der Typ weiß nichts von seinen Socken und seinem Geschnarche und seinem Gefurze. Und jetzt macht er alles noch schlimmer, indem er winselnd zu dir angekrochen kommt wie ein Köter. Alles, was der Kerl vor zehn Jahren mal verkörpert hat, diesen stolzen Typen, an den du dich anlehnen konntest, macht er kaputt, indem er sich vor dir im Dreck suhlt. Und du fühlst dich in deiner »Entscheidung«

noch bestätigt. Er könnte dich nur zurückgewinnen, indem er sich selbst auch wieder erotisch macht, Sport macht, sich geil macht. Nicht für dich, sondern für sich selbst. Du willst den alten Typen ja wiederhaben. Eigentlich wollt ihr euch gar nicht verlieren. Aber ihr habt den Weg verloren und wisst nicht, wie es dazu gekommen ist. Und keiner erklärt's dir. Kein Tantra-Buch und kein Sexualtherapeut. Das erklärt dir jetzt ein Tätowierer.

Da gucken die mich an, und du merkst richtig, wie es in denen arbeitet.

Fakt ist: Eine Beziehung aufrechtzuerhalten ist harte Arbeit. Aber wenn die Leute ihren Job machen, funktioniert das. Sie können ruhig fremdgehen. Muss der Partner ja nicht wissen. Das ist alles eine Frage der Ehre, der Eitelkeit und des Stolzes. Aber wenn ich geil bin wie die Sau und verzichte mein ganzes Leben, dann pumpt sich dieser Druck so lange hoch, bis die Pulle explodiert. Das ist völlig normal. Wichsen auf 'nem hohen Niveau ist das. Wenn diese Frau mit ihren Freundinnen in den Urlaub fährt, soll sie sich doch wegkacheln lassen, um Gottes willen. Sie sollte nur so clever sein, dass sie daraus keine Doppelbeziehung macht. Wenn's passiert, ist es eben passiert. Erst in dem Augenblick, wo Gefühle reinkommen und irgendwas monatelang heimlich nebenherläuft, wird es assi. Viele Leute verkrampfen sich in ihren Gedanken, wenn sie nur eine Ahnung haben. Macht euch locker. Wenn ihr beide die Beziehung wollt, wenn da Liebe ist und alles funktioniert, dann macht euren Job. Und habt so viel Niveau beim Bescheißen, dass ihr die Welt des anderen nicht zerstört. Eigentlich ganz einfach, oder?

Und weil's so schön zum Thema passt, gibt's jetzt zwei schöne Pärchenstorys aus meiner Classic-Tattoo-Kundenchronik.

AC/DC

Als Tätowierer erlebt man immer wieder Geschichten, die ans Herz gehen. Die Geschichte dieser beiden Kunden hat mich echt berührt: ein Typ und eine Frau. Beide hatten jahrelang mit ihren Ehepartnern in einem kleinen 250-Einwohner-Dorf gelebt. Sie kannten sich auch schon länger, wie man sich aus der Nachbarschaft in so einem Dorf eben kennt. Und dann hat sie kurioserweise innerhalb von 14 Tagen das gleiche Schicksal ereilt. Der Frau ist der Mann abgehauen, und der Typ hat rausgekriegt, dass seine Frau ihn schon ewig betrogen hat. Die hatten Kinder und alles. Jahrelang hatten die in ihrer schönen heilen Welt gelebt, die jetzt auf einen Schlag zusammengebrochen war. Auf einmal fickt dein Mann mit der Nachbarin oder deine Frau mit dem Bürgermeister, und dann stehst du plötzlich alleine da. Da bist du nicht nur um die Beziehung betrogen, sondern um dein ganzes Leben. In so einer kleinen Dorfgemeinde ist das wie Teeren und Federn. Auf einmal bist du der Aussätzige, überall wird getuschelt, und du wirst durch dein Umfeld permanent mit der Vergangenheit konfrontiert. Amoklaufen geht nicht, Auto ist auch weg. Was macht man also in so einer Situation? Man geht in den Dorfkrug. Normal. In dem Dorfkrug gibt's was? Schnaps. Normal. Und in dieser beschissenen Situation triffst du plötzlich auf einen Typen, bei dem du instinktiv merkst, dass bei ihm auch irgendwas nicht stimmt. Du guckst scheiße, der guckt scheiße, beide haben denselben Pegel, ihr kommt ins Gespräch, und nach fünf Minuten kommen die Fragen: »Wie, deiner auch?« und »Was, deine auch?« Dann Prost!

So war es jedenfalls bei diesen beiden. Die haben so lange gesoffen, bis der Dorfkrug nichts mehr hatte, sind dann nach Hause, haben ihre Taschen gepackt und sich heimlich zusammen verpisst. Wie zwei Teenager. Die sind durchgebrannt. Obwohl sie ja gar nicht hätten durchbrennen müssen, weil die anderen ja schon weg waren, aber für die beiden war das Durchbrennen. Die sind einfach drauflos und haben alles hinter sich gelassen, was sie bindet. Am nächsten Morgen standen sie angesoffen bei mir vorm Laden. Im Olympiastadion spielten an diesem Abend AC/DC. Da wollten sie hin. Die haben sich auf dem Schwarzmarkt Karten besorgt und sind feiernd durch die Stadt gezogen. Das war Leben pur, was die zwei in diesen Tagen mitgenommen haben. Die sind durch die Gegend getingelt, haben sich am Alex ins teuerste Hotel einquartiert und haben sich richtig einen gegönnt. Da war alles scheißegal. Die wussten genau: Sie werden niemals ein Paar. Aber sie wussten auch: Heute Abend gehen sie zu AC/DC, schießen sich ab, und nachts vögeln sie sich das Gehirn aus dem Kopf. Diesen ganzen Aufruhr, diesen Spirit haben die beiden in meinen Laden getragen. Das hatte einen Charme, ich hätte sie umarmen können. Wie zwei Teenager in einem Hollywood-Streifen setzten die sich in ihrem angesoffenen Zustand bei mir hin und wollten jeweils ein kleines AC/DC auf der Schulter haben. Dieses AC/DC stand gar nicht dafür, dass sie die Urfans waren, das stand nur für ihr persönliches AC/DC. Das war ihr Rock 'n' Roll, ihr »Hells Bells«. Sie hatten beide die Hoffnung, dass sich mit ihren Partnern noch was reparieren lässt, aber sie haben auch ganz klar gesagt: »Wir vögeln heute fremd. Heute Nacht wird das 1:1 geschossen, und daran wollen wir uns immer erinnern.« Die haben sich von mir ihr AC/DC auf die Schulter ballern lassen, dann sind sie raus aus dem Laden, haben mich umarmt und gebrüllt: »Komm doch mit, wir saufen zusammen bei AC/DC!« Ich sag: »Nee, ich muss arbeiten. Aber ihr könnt ja mal 'ne Karte schreiben, wenn das mit euch beiden doch klappt.« Bei denen hast du gemerkt, die haben das Leben gespürt. Und vielleicht waren die sogar zufrieden, dass das alles passiert ist.

Wahrscheinlich leben die heute beide wieder mit ihren Partnern auf dem Dorf. Wahrscheinlich hat ihr Alter gesagt, okay, ich geh nicht mehr mit der Kleinen vom Nachbarn fremd, und die Olle von ihm ist zurückgekommen, weil sie gemerkt hat, dass ihr Lover nicht wirklich was von ihr wollte, sondern auch nur mal hinterm Busch einen klarkriegen wollte. Die zwei wollten ja auch zurück in ihre Welt. Das hast du ihnen angemerkt. Sie waren nur total ohnmächtig vor der Situation. Und in diesem Moment war einfach mal alles scheißegal. Auf jeden Fall waren die süß. Eigentlich schade, dass nie eine Postkarte von ihnen kam.

DER KLEINE DANIEL

Um mal wieder zu zeigen, wozu Tattoos alles gut sein können: Es gibt viele Leute, die sich über Tattoos kennenlernen. Ich hatte hier eine Frau und einen Typen, die sich beide regelmäßig von mir tätowieren ließen. Unabhängig voneinander und ohne dass sie sich kannten. Die zwei lernten sich dann jedoch durch Zufall in der Diskothek kennen, weil sie sich von den Tattoos des jeweils anderen magisch angezogen fühlten. Beide hatten schon eine Weile keine Beziehung mehr gehabt und auch nichts in Aussicht. Und jetzt unterhielten sie sich in dieser Disse über ihre Tattoos. So nach dem Motto: »Mensch, wer hat dir das denn tätowiert?«

»Na, ich war in der Torstraße bei Krause.«

»Wie jetzt, bei Krause? Ich war auch bei Krause.«

So ging das auf der Tanzfläche los. Und dann sind sie rausgegangen, um sich gegenseitig ihre Tattoos zu zeigen. Da wurden teilweise die Hosen runtergelassen. Die fanden das beide total lustig, und weil die Disse eh öde war, sind sie noch weiter gezogen, 'nen Cocktail trinken. Und dann nach Hause zum Ganzkörper-Tattoocheck. Und dann haben sie gevögelt wie die Tiere. So schnell kann's gehen. Die beiden sind tatsächlich zusammengekommen, haben geheiratet und ein Kind bekommen. Und wie heißt dieses Kind? Daniel. Die haben den Bengel nach mir benannt. Allerdings wusste ich davon ewig nichts. Irgendwann traf ich den Typen zufällig wieder. Das übliche Gequatsche, wie geht's denn so, und er erzählte, dass er umgezogen ist und geheiratet hat. Dann rückte er mit der Sprache raus, wen er geheiratet hat. Und dann damit, dass sie einen Sohn haben, der nach mir benannt ist. Mehr geht ja wohl nicht. Ein paar Tage später kamen sie zu mir in den Laden und zeigten mir den kleinen Daniel. Der war mittlerweile ein Jahr alt. So was erlebt man auch nicht in jedem Job.

DIE BERLIN-SAMMELBEIN-TATTOOS I

»Das Sammelbein widerspricht allem,
worüber Kunden sich beim Tätowieren
Gedanken machen sollten, aber es führt
auch zurück zum Ursprung jeden Tattoos.«

Bevor jetzt einige denken, dass ich vor lauter Tätowieren und Hobbypsychologie nicht mehr dazu komme,
mir selbst neue Tattoos zu verpassen: keine Sorge. Es geht
auch bei mir weiter. Sogar krasser, als ich's mir hätte träumen lassen. Früher war mein Plan, die eine Hälfte meines
Körpers komplett frei zu lassen, damit ich meinen Kindern später zeigen kann, wie ich vorher aussah. Dafür ist
es mittlerweile zu spät. Der zweite Unterarm und das
zweite Bein sind so voll, dass ich aufpassen muss, dass
ich nicht alle Flächen schließe. Ich sitze halt an der
Quelle.
Allerdings hat sich mein Geschmack bei Tattoos im Laufe
der Jahre geändert. Ganz früher stand ich auf asiatische
Motive. Einfach weil ich die optisch cool fand. Da war
nichts mit Bedeutungskasperei nach dem Motto: Der Drache ist mein Opa, und der Fisch ist meine Frau. Da ging es
darum, Fläche zuzudecken. Ich war halt der Türsteher,
ich war trainiert, ich wollte das Grobe ausstrahlen. Ich
war ein Vollidiot. Ich bereue zwar keins meiner Tattoos,

aber im Nachhinein sind sehr viele dabei, die keinen Sinn machen und die ich mir nicht mal mehr selbst erklären kann.

Heute achte ich darauf, dass meine Tattoos mit persönlichen Gedanken oder Erinnerungen zu tun haben. Ich fahre zum Beispiel seit ein paar Jahren so einen Esoterikfilm und beschäftige mich mit dem Mayakalender. Ja, genau der Mayakalender, der 2012 ausläuft. Das bedeutet aber nicht, dass die Welt dann untergeht, sondern einfach, dass die Menschheit ihre höchste Entwicklungsstufe erreicht. Nicht in Bezug auf die flachsten Fernseher und die größten Bildschirme, sondern auf Wertigkeiten und Emotionen. Es wird einen Bewusstseinssprung geben. Jede Empfindung wie Liebe, Hass, Neid und jeder Instinkt werden sich verzehnfachen. Wenn dir nach Vögeln ist, wird dich diese Lust auffressen. Wenn du Tattoos hast, wirst du immer mehr davon wollen. Dieses Aufwachen der Menschen ist bereits in vollem Gange. Ich glaube auch, dass die Öffnung der Tattoobranche für den Mainstream und dieses allgemeine Streben nach Individualität damit zu tun haben.

Aber was ich sagen wollte: Die Mayas haben viele Dinge vorausgesagt, die wahr geworden sind. Sogar ihren eigenen Untergang, den irgendwelche Hinterwäldler-Europäer mit ihren christlichen Allmachtsfantasien zu verantworten haben. Und ich bin der Meinung, dass sie direkten Kontakt mit Außerirdischen hatten. Okay, jetzt denkt ihr erst mal, ich bin komplett durchgeknallt. Daniela, einer Tätowiererin aus meinem Laden, ging es genauso, als ich an einem Abend mit 'ner guten Flasche Jägermeister zu ihr rübergegangen bin und sie gebeten habe, mir jetzt sofort meinen linken Unterarm zuzutätowieren – mit einer heiligen Maria, die auf ein paar Inkapyramiden runterguckt, von der gerade drei Ufos wegfliegen. Da stecken alle drei Aspekte drin: Inkas, Außerirdische und Kirchen. Daniela ist Jüdin. Als die die Story zu dem Motiv hörte, meinte sie nur: »Jetzt bist völlig bekloppt, oder?«

»Ja«, sagte ich. »Und jetzt fang an.«

Ich wollte diese Tätowierung unbedingt in einem Rutsch fertigmachen, weil ich angefangene Unterarme hasse. Es war eine Sieben- bis Acht-Stunden-Sitzung, aber wir haben dieses Ding tatsächlich in einer Nacht durchgerockt. Daniela schimpfte immer wieder über das Motiv. Andererseits hat sie es in ihrem Künstlerdasein aber auch verstanden.

Eigentlich erzähle ich das nur, um zu erklären, dass auch ich eine Phase hatte, wo ich peinlichst darauf geachtet habe, was ich mir tätowieren lasse und wohin. Da mussten die Tattoos unbedingt ausgetüftelt sein, es mussten die besten und wichtigsten Tattoos der Welt sein. Ich habe Bücher gewälzt und gedacht und getan. Inzwischen mache ich es wieder anders. Jetzt habe ich mein Sammelbein. Darauf verarbeite ich spontan besondere Ereignisse in meinem Alltag oder auf Reisen, und davon gibt es reichlich. Auf dem Bein sind Tattoos drauf aus Kapstadt, aus Mexiko und aus Bali (auf die gehe ich später noch genauer ein), aber auch viele Motive aus Berlin. Das Sammelbein widerspricht eigentlich allem, worüber Kunden sich Gedanken machen sollten, bevor sie sich tätowieren lassen. Andererseits führt es aber auch zurück zum Ursprung jeden Tattoos. Denn Tattoos sind Lebensnarben. Und sie bedeuten Emotionsverarbeitung. Da ist es nur konsequent, besondere Ereignisse in ihnen zu thematisieren. Und wenn ich später mit 60 auf mein Sammelbein gucke, hab ich ganz viele Erlebnisse sofort wieder vor Augen. Meine Enkel werden gar nicht wieder nach Hause wollen, wenn ich erst mal anfange, meine Geschichten zu erzählen. Obwohl: Vielleicht bin ich bis dahin ja wirklich durchgeknallt. Ich schreib vorsichtshalber schon mal ein paar auf.

OSTPUNK

Vor sechs Jahren bin ich zum Highfield-Festival nach Erfurt gefahren, um meine Punkrockgötter Muff Potter live zu sehen. Leider gibt es die Band heute nicht mehr. Der Sänger Sven Nagel macht sich auch solche Spinnertattoos wie ich. Er ist mittlerweile ein guter Bekannter von mir, aber so weit war es damals noch nicht. Ich hatte ein hartes Arbeitsjahr gehabt, mir über Monate so gut wie gar nichts gegönnt, und nun stand endlich dieses Festival an. So ein ganz klassisches Ding: Wir hatten mit fünf Jungs ein Auto gemietet und den Kofferraum voller Bier gepackt. Ein Zelt hatten wir nicht, aber wir wussten, wir sind drei Tage weg, und es wird geil. Das war ein bisschen so wie früher zu Ostzeiten. Ich hatte sowieso gerade einen Rappel, bei dem es um meine Ostpunkvergangenheit ging, also hab ich mir am Abend vor dem Festival einen angesoffen und mir eine Gitarre gekreuzt mit dem Berliner Fernsehturm und einer Spruchbanderole mit »Ostpunk« drin tätowieren lassen. Das Ding war eine Minutenentscheidung. Ich hab mir das in drei Minuten ausgedacht, schnell skizziert und es auf die Innenseite vom linken Knie ballern lassen. Das linke Bein war zwar eigentlich das, das frei bleiben sollte, aber da passte das Motiv halt gerade hin, und ich hatte sowieso 'ne kurze Hose an. Wieder war es Daniela, die dran glauben musste. Ich vermute, die hatte überhaupt keinen Bock auf dieses Tattoo. Sie meinte nur: »Was soll der Scheiß?«, und dann hat die draufgedremmelt, dass ich dachte, mir fliegt der Helm weg. Es hat schweinewehgetan, und wenn mir damals jemand gesagt hätte, dass hier der Startschuss für mein Sammelbein gegeben wird, hätte ich gesagt, der spinnt. Aber so war's. Auch wenn es noch ein paar Monate gedauert hat, bis das nächste Tattoo dazukam.

Es ist übrigens nicht zu empfehlen, sich ein Tattoo direkt vor einem Punkrockfestival stechen zu lassen. Ich hab die Wunde zwar fleißig eingecremt, aber sie hat sich natürlich entzündet, weil wir im Dreck geschlafen haben. Ich hatte ein dickes Knie, ich bin über die Wiese gehumpelt, und im Suff haben wir das Tattoo mit Wodka-Cola abgelöscht. Das war eine Revivaltour in meine Ostzeit. Wahrscheinlich ist es seit der halbfertigen Rose aus Punkten das punkrockigste Tattoo, das ich je hatte.

FÜNF MÖWEN

Ich habe vorhin schon von dem großen Abgang bei Classic Tattoo erzählt. Der kam ein halbes Jahr nach dem Ostpunkrevival. Das war eine seltsame Phase. Zwei Tätowierer gingen, einer kam neu, und irgendwie brach alles auseinander. Tätowierer sind Nomaden, wenn die auf Reisen gehen und sich weiterentwickeln wollen, darf man sie nicht aufhalten. Das ist, als ob man einen Vogel in den

Käfig sperrt. Aber für mich war das ein komisches Gefühl. Man trennt sich mit den Jahren ja auch immer schwerer von Leuten. Kurz vor dem großen Abgang hatten wir einen netten Abend hier im Laden. Mit fünf Tätowierern, von denen mir am Ende nur mein bester Kumpel Alex erhalten geblieben ist. In einem schwachen Moment kam mir die Idee, dass mir jeder dieser fünf Leute eine Möwe als Andenken tätowiert. Wir hatten eine Zeichnung als Vorlage und haben die Möwen mit fortlaufendem Flügelschlag wie bei einem Daumenkino schräg übers Schienbein die Wade hochfliegen lassen. Einer nach dem anderen kam dran, alle tätowierten mit meiner eigenen Maschine, es musste nichts umgebaut werden. War wunderschön irgendwie. Andererseits hatte ich fast Tränen in den Augen, weil ich diese Leute bis heute sehr mag und wir eine intensive Zeit zusammen hatten. Diese Möwen blieben was ganz Besonderes, genau wie das Ostpunkttattoo am Knie.

Vorher hatte ich eine Phase gehabt, wo ich mich gar nicht mehr so viel tätowieren lassen wollte und keine richtigen Tattooprojekte mehr hatte. Und jetzt sah ich auf einmal meine Ostvergangenheit auf diesem Bein und musste drüber lachen, wie ich auf dem Festival betrunken auf der Wiese gelegen habe. Und dazu kam nun die Erinnerung an diese fünf Leute und den schönen gemeinsamen Abend. Ich fühlte mich sauwohl damit, Dinge auf diese Weise zu verarbeiten. Und so fing das mit dem Sammelbein erst richtig an.

BERLIN HARDCORE

Das Schöne an so einem Sammelbein ist, dass du darauf experimentieren kannst. Ich habe mich zum Beispiel ewig davor gedrückt, mich selbst zu tätowieren, obwohl es unter Tätowierern immer heißt: »Ey, das musst du machen.« Ich hatte Schiss davor. Irgendwann gab es dann mal wieder einen Abend, wo die ganze Mannschaft hier im Laden zusammensaß. Alle waren besoffen, und auf einmal hieß es: »Jeder, der sich noch nicht selbst tätowiert hat, muss jetzt ran.« Alle haben mitgemacht. Selbst unser durchgeknallter Piercer hat sich einen Stab über die Kniescheibe gezogen. Da tut's richtig weh. Ich sag noch: »Du hast doch nicht alle Latten am Zaun«, da hatte der sich das Ding schon durchgewürgt. Ganz krass. Das hieß aber natürlich, dass ich auch ranmuss. Also hab ich mir auf mein Sammelbein ein Kreuz geknallt, in dessen Ecken die Zeichen B H C und 10 stehen. Das steht für »Berlin Hardcore, 10 Jahre Classic Tattoo«, weil das zehn Jahre nach der Eröffnung des ersten Ladens war. Sich selbst zu tätowieren ist wirklich was anderes, als sich tätowieren zu lassen. Es tut weniger weh. Der Schmerz kommt ja aus dem Kopf. Wenn du dich selbst mit der Nadel berührst, stellst du dich auf diesen Moment viel ruhiger ein, als wenn jemand anders es tut. Vielleicht lag's aber auch daran, dass ich ein eher softer Tätowierer bin. Das sagen jedenfalls viele. Mein Freund Alex, der mir den Großteil meiner Tattoos macht, ist im Vergleich ein Fleischer. Eigentlich weiß ich gar nicht, warum ich mich immer wieder bei dem hinsetze. Allein wenn du hörst, wie seine Maschinen laufen, denkst du, da fährt ein Rasenmäher vorbei. Alex' Maschinen laufen hart. Der kratzt erst mit verdünnten Farben die Haut auf und arbeitet dann in der offenen Wunde die gesättigten Töne aus. Meine Maschinen laufen dagegen weicher, dafür nehme ich gleich zu Anfang gesättigte Farben. Aber das ist Fachsimpelei, und jeder hat seine eigene Technik. Fakt ist: Ich bin ganz zufrieden mit meinem selbstgestochenen Tattoo. Ist total sauber geworden. Nichts mit wackeln. Experiment geglückt.

MARATHON

Ein kleines Tattoo mit einer großen Geschichte ist der Stern, in dem ich die Laufzeit meines ersten Halbmarathons verewigt habe. Was dieses Marathonerlebnis für Kreise gezogen hat, ist unglaublich. Mittlerweile steckt so viel in diesem Tattoo drin – unter anderem, dass man sich zu seinem eigenen Superhelden machen kann, der alles kann, wenn er nur will.

Es fing damit an, dass ich meine Jugendliebe wiedergetroffen habe. Ihr wisst schon, die, mit der ich meinen ersten Sex hatte. Wir hatten uns zehn, zwölf Jahre aus den Augen verloren, und jetzt hielt sie mit ihrem Cabrio auf einmal direkt vor meinem Laden, während ich gerade auf der Bank saß. Als würden wir hier nicht in einer Stadt mit dreieinhalb Millionen Menschen leben, sondern auf 'nem Dorf, wo man sich nicht aus dem Weg gehen kann. Das war schon seltsam. Das mit dieser Frau war so eine richtige Teenagerliebe gewesen. Sie hat mir damals noch Briefe geschrieben, als ich im Knast saß, damit hat sie meine

Seele gerettet. Diese Frau taucht also aus heiterem Himmel wieder in meinem Leben auf. Ende dreißig, bildhübsch, Mutter und in einer leitenden Position tätig. Ganz solide, aber toll. Wir haben uns spontan zum Essen verabredet. Das war schön. Alte Geschichten wurden ausgetauscht, und jeder hatte in der Zwischenzeit viel erlebt. Sie war auch sehr interessiert an meinen Geschichten, und nach dem dritten Cocktail hab ich mich gefragt, ob sie immer noch was von mir will. Aber ich hab's für mich behalten. Wir wollten uns danach noch mal verabreden. Zu diesem Treffen kam es aber nie. Mal war bei ihr was, mal bei mir, und es passte nie zusammen, wir telefonierten nur ab und zu. Bei einem dieser Telefonate erzählte sie nebenbei, dass sie seit Jahren Halbmarathons und ganze Marathons rennt. Ich war bis dahin, wenn's hochkommt, so ein bisschen Hobbyläufer, aber wie das so ist bei einem Macho wie mir … Ich konnte mir nicht verkneifen zu sagen: »So 'n Halbmarathon schafft doch jeder.«
Darauf sprang sie sofort an und provozierte mich: »Ja, dann renn doch mit.«
»Kein Problem«, hab ich gesagt, ohne mir weiter was dabei zu denken. Kurz darauf bekam ich zu meinem 38. Geburtstag eine Anmeldung zum Berliner Halbmarathon von ihr geschenkt. Damit hatten wir dieses Ding am Rennen. Ich hab im Januar Geburtstag, und der Marathon war im April. Wir haben uns in den Monaten dazwischen nie gesehen, sondern immer nur Mails geschrieben. Ich hab mich auch immer noch gefragt, was die Aktion sollte. Suchte sie in mir das Kontrastprogramm zu ihrem soliden Leben? Sie war ja genau in diesem Alter, in dem viele Frauen anfangen, an sich selbst zu zweifeln. Und auch sie hatte eine lange Beziehung, in der sie nach all den Jahren vielleicht weniger Komplimente bekam. In meine Theorie

hätte das also genau reingepasst. Aber sie war ja keine Tattookundin, der ich erst mal mit meinen hobbypsychologischen Ausführungen zu Leibe rücke. Deshalb blieb die Frage ungeklärt, aber ich fing an zu trainieren wie ein Tier. Ich bin ein Macho, und wenn eine Frau mich auf diese Weise herausfordert, lasse ich das nicht auf mir sitzen. Ich wollte diesen Marathon nicht nur durchziehen, ich wollte auch schneller sein als sie. Ich hab wirklich alles gegeben, sodass ich ihr in einer meiner nächsten Mails geschrieben habe: »Komme, was wolle, es wird nicht passieren, dass du vor mir über die Ziellinie rennst.« Sie schrieb zurück: »Wie meinst'n das?«

»Wie soll ich's meinen? So, wie ich's sage. Du rennst nicht vor mir in dieses Ziel, ich schwör's.«

Und nun ratet mal, was daraufhin zurückkam. Ein fettes »HA! HA! HA!«.

Das war's. Ich hab alles stehen und liegen lassen und bin wieder trainieren gegangen. Jede freie Minute hab ich mit Laufen verbracht. Ich war dermaßen in meinem Männerstolz gekitzelt, dass ich mich total auf diese Geschichte eingeschossen habe.

Wiedergesehen hab ich sie dann erst beim Startschuss zum Halbmarathon. Ich hätte schon eine Woche vorher am liebsten nicht mehr das Haus verlassen, aus Angst, dass ich irgendwo umknicke. Hat zum Glück auch so geklappt. Nun standen wir da. Stell dir vor, du bist noch nie 'nen Marathon gelaufen, 25 000 Menschen sind um dich herum, du bist komplett hibbelig, und neben dir steht 'ne Frau, die meint, Spielchen mit dir spielen zu können. Ich konnte mir in dem Moment einfach nicht verkneifen zu sagen: »Um noch mal auf dein ›HA! HA! HA!‹ zurückzukommen: Wenn du wirklich schneller sein solltest als ich, dann kriegst du von mir 1000 Euro.«

Mir ist klar, dass solche Sprüche bei anderen Leuten nur Gerede sind, aber wenn ich so was sage, meine ich das ernst. Hat sie natürlich nicht geglaubt und mich nur mitleidig angelächelt. Diese Frau war dermaßen siegessicher, dass es mich wahnsinnig gemacht hat.

»Du wirst mich kennenlernen, Fräulein«, hab ich gesagt. »1000 Euro und keinen Cent weniger, wenn du vor mir über diese Ziellinie rennst.«

Da ist bei ihr wohl 'ne Sicherung durchgebrannt und sie meinte: »Okay, du setzt 1000 Euro? Wenn du wirklich schneller bist als ich, koch ich für dich in Strapsen ein Drei-Gänge-Menü.«

Dann fiel der Startschuss. Ich hätte der Frau am liebsten ein Bein gestellt nach dieser Ansage. Hätte aber gar nichts gebracht, weil alle Leute nur auf der Stelle tappelten und man gar nicht aus der Menge rauskam. Ich war innerlich am Durchdrehen und hab nur noch gezischt: »Na warte!«

Sobald es allerdings ein bisschen luftiger wurde, pfiff die Alte an mir vorbei und war verschwunden. Die war schnell wie der Blitz, ich konnte nicht dranbleiben, Strapswette hin oder her. Also hab ich mich locker gemacht und zu mir selbst gesagt: Okay, schraub deine Ziele zurück. Hauptsache durchhalten. Es darf heute alles passieren, nur der Bus darf dich nicht aufsammeln! Bei so einem Halbmarathon fährt zum Schluss immer ein Bus durch, der alle Leute von der Straße pflückt, die nach drei Stunden immer noch auf der Strecke sind. Diese Blöße wollte ich mir dann doch nicht geben.

Ich bin also gelaufen, gelaufen, gelaufen. Leute, glaubt mir, das war ein Kampf. Für alle, die Berlin kennen: Die Strecke geht über den 17. Juni, Ernst-Reuter-Platz, Kaiserdamm, den ganzen Kudamm runter, Lützowufer, Potsdamer Platz, über die Leipziger Straße ... ein Wahnsinnsteil.

Da liegen Leute mit Krämpfen und aufgeschubberten Füßen an der Seite, das dauert, du schwitzt, deine Beine schmerzen. Ich hab die ganze Zeit Muff Potter gehört und mich von der Musik antreiben lassen. Für mich war es trotzdem wie ein kleines Wunder, als ich irgendwann im Ziel ankam und auch noch unter zwei Stunden lag. Nach diesen 22 Kilometern hast du eine Endorphinexplosion im Kopf, die ist unglaublich. Es gibt Studien, die sagen, wenn du einen kompletten Marathon läufst, produziert dein Körper genau dieselbe Droge im Kopf, die Heroin ausmacht. Nur hält die Wirkung von Heroin zwei Stunden an und die nach 'nem Marathon bis zu acht. Da kann man sich ungefähr vorstellen, was da emotional abgeht. Ich lag mir mit wildfremden Opas in den Armen, ich hab gefeiert, ich hatte Glückshormone ohne Ende. Meine Jugendliebe hab ich auch relativ schnell wiedergefunden. Wir sind dann in einen Bereich gegangen, wo nur die Läufer Zutritt hatten. Wir haben uns massieren lassen und dann in die Ecke gesetzt und Weißbier gesoffen. Alles war total entspannt, aber irgendwann kamen wir natürlich auf unsere Laufzeiten zu sprechen. Sie war ungefähr bei 1:58 durchs Ziel gekommen, ich auch, aber die genauen Zeiten wussten wir noch nicht. Die werden mit einem Chip gemessen. Bescheißen ist da nicht. Also kam jetzt die Stunde der Wahrheit. Wir sind raus aus dem Läuferbereich, um unsere Zeiten abzuholen. Ich war fast wieder genauso aufgeregt wie vor dem Start, obwohl es mir mittlerweile fast egal war, ob sie schneller gewesen war als ich. Aber jetzt kommt der Hammer: Ich hab die Alte geschlagen. Die hatte mir auf den ersten zehn Kilometern schon zwei Minuten abgenommen, und ich war am Ende trotzdem über zweieinhalb Minuten früher im Ziel als sie. Meine Machoseele hat gejubelt. Als ich zu ihr meinte: »Na, dann zieh schon mal deine Strapse stramm«, hat sie mich angeguckt wie ein Auto. Wahrscheinlich hätte sie unsere Wette am liebsten gar nicht mehr angesprochen, deshalb hab ich sie danach auch damit in Ruhe gelassen. Ich fand schräg genug, dass eine verheiratete Frau mit zwei Kindern sich von einem Typen wie mir zu so einer Ansage hinreißen lässt. Und dass ein Typ wie ich sich von dieser Ansage zu Höchstleistungen aufstacheln lässt.

Ein Jahr später hatten wir allerdings 'ne Revanche, wo sie fast sechs Minuten schneller war als ich. Und das, obwohl ich mich noch mal um zwei Minuten verbessert hatte. Jetzt steht es offiziell 1:1, und irgendwie ist dieses Ding immer noch nicht ausgefochten. Inzwischen ist es für mich mehr ein Spiel, aber es prügelt mich trotzdem jedes Jahr wieder auf die Strecke. So ein Marathon bedeutet wirklich drei Monate kämpfen, Alkoholverbot, du entschlackst deinen Körper, nimmst sechs, sieben Kilo ab, aber es ist einfach geil. Ich kann nur jedem empfehlen, so ein Ding mal zu rennen. Ich bin immer noch stolz auf diese 1:54:29, die ich damals gelaufen bin. Deshalb hab ich sie mir auch auf mein Sammelbein tätowieren lassen. In einem Stern. Obwohl ich mir eigentlich nie einen Stern tätowieren wollte. Was ganz Besonderes also.

Und damit könnte die Geschichte um dieses Marathontattoo eigentlich auch zu Ende sein. Ist sie aber nicht. Zwei Wochen später war ich bei einer Autogrammstunde von Muff Potter im Ramones-Museum. Ich war spät dran, wurde Sven Nagel, dem Sänger, nur kurz vorgestellt und holte mir dann was zu trinken. Eine halbe Stunde später stand ich mit meinem Drink zufällig wieder neben dem. Also hab ich ihn angesprochen: »Hey, ich wollte nur mal sagen: Ich höre deine Musik überall, beim Arbeiten, beim Tätowieren, beim Laufen.« Ich hab ihm auch erzählt, dass ich den Halbmarathon gerannt bin und dabei die ganze Zeit Muff Potter gehört habe. Er schien ein bisschen neben dem Schuh zu stehen. Der guckte mich nur an, sagte gar nichts und ging weg. Zwanzig Minuten später kam er von selber wieder und meinte: »Du, sag mal, erzähl mir das noch mal mit dem Marathon.«

Also zeigte ich ihm meine tätowierte Zeit und erzählte das Ganze noch mal. Irgendwann meint der: »Du, da mach ich 'nen Song draus. Kann doch nicht sein, dass sich jemand mit meiner Musik durch so 'nen Halbmarathon kämpft.« Der Typ hat mit Sport nicht viel am Hut und fand das völlig irre. Der hatte sogar schon den Titel des Liedes im Kopf: »1:54:29«. Und der Song sollte auch exakt so lang werden, in Minuten allerdings. Das muss man sich mal reinziehen. Jeder hat seine Lieblingsband oder seinen Lieblingssänger. Und für mich sind das eben nicht Pink oder Britney Spears, sondern »nur« Muff Potter. Und jetzt stand ich da in der Ecke, und der Nagel erzählte mir, dass er ein Lied aus meiner Marathongeschichte machen will. Leute, ich war glücklich.

Kurz danach kam eine Braut zu mir an und wollte ziemlich offensichtlich abgeschleppt werden. Die war sogar ziemlich hübsch, aber ich hab zu der nur gesagt: »Weißte was? Such dir wen anders. Ich hab alles, was ich brauche.« Die Alte guckte mich an und kapierte überhaupt nicht, was ich meinte. Wahrscheinlich hatte die in ihrem Leben noch nie einen Korb bekommen, aber ich meinte nur zu ihr: »Du, mein Lieblingssänger macht ein Lied über mich. Und egal, was du für eine Granate im Bett sein magst, mehr geht heute Abend einfach nicht. Ich trink hier aus, und dann geh ich schlafen.« Da dackelte die Alte wütend ab, aber ich war der glücklichste Mensch auf der Welt.

Dieses Lied ist nie richtig fertig geworden. Aber es existiert. Muff Potter lösten sich kurz danach auf, und der Nagel singt eigentlich nicht mehr. Der schreibt jetzt Bücher und lebt extrem zurückgezogen. Aber er kam im Sommer 2010 bei der Party zum zehnjährigen Jubiläum des Classic Tattoo-Eckladens vorbei. Die haben wir auf einem Spreedampfer am Berliner Oststrand gefeiert. Eine Riesenfete war das. Wir hatten den ganzen Kahn für uns, haben Bars reingestellt und eine Bühne aufgebaut. Auf dieser Bühne spielte Sven Nagel für mich ein Fünf-Lieder-Set. Alleine, unplugged, obwohl er eigentlich nie mehr eine Gitarre in die Hand hatte nehmen wollen. War eine große Ehre für mich. Die ganzen besoffenen, schrägen Vögel auf der Party haben das natürlich nicht verstanden. Die wollten das alte Punkrockding hören und schimpften rum. Hat mich echt angewichst, das Gepöbel. Aber der Nagel meinte danach nur: »So was stört mich nicht.« Der Typ strahlte völlige Ruhe aus. Und dann hat er das 1:54:29-Lied backstage mit einer einfachen Gitarre für mich gespielt. Wir saßen auf diesem Kahn an der Spree, und er spielte das Lied für mich. Danach meinte ich nur: »Jägermeister. Wo ist der Jägermeister?« Der Typ hatte einen Text geschrieben über meine Geschichte, die mittlerweile drei Jahre her war, der genau passte. Ich meinte nur: »Das weißt du noch?« Ja, er wusste es noch. War absolut ergreifend für mich.

Ein Jägermeister-Hirsch muss irgendwann auch noch auf mein Sammelbein. Aber bevor sich die jüngere Generation bei meinem Mittvierzigergequassel anfängt zu langweilen, lasse ich jetzt erst mal die Jugend zum Zug kommen.

GENERATION TATTOO

»Die Kids von heute sind gnadenlos.
Die sagen: Ich bin Tattoo, und ich will
Tattoo sein, und wenn das irgendeine Branche
nicht duldet, dann mach ich da nicht mit.«

Ich habe in meinem Laden viel mit jungen Leuten zu tun. Sowohl mit Kunden als auch mit denen, die sich bei uns als Lehrlinge bewerben. Manchmal wundere ich mich, wie dumm 20-Jährige sein können. Andererseits wundere ich mich auch oft, wie toll und kreativ sie sind. Viele stolzieren schon mit 16 in meinen Laden und wollen ein Tattoo, aber Minderjährige müssen erst die Einverständniserklärung ihrer Eltern einholen. An diesem Punkt fängt bei einigen das Megagetrickse an. Unterschriften werden gefälscht, die Eltern werden bestochen, und es wird rumgedealt bis zum Get-no. Da ist harte Familienpolitik gefragt. Ich kann keinem Jugendlichen raten, irgendwelche Unterschriften zu fälschen. Wir merken das fast immer. Ich rate aber auch keinem Elternteil, seinem Kind das Tattoo radikal zu verbieten. Sonst kommt am Ende der pure Hass dabei raus. Ich hatte mal ein Mädchen hier, die kam, seit sie 14 war, und wollte sich tätowieren lassen, aber die Mutter hat's verboten, verboten, verboten, weil sie Tattoos scheiße fand. Dieses Mädchen machte aufs Datum genau für seinen 18. Geburtstag einen Termin, ohne der Mutter was davon zu sagen. Dann saß sie hier und ließ sich so ein Blüten- und Rankending auf die Schulter drücken, das unbedingt bis zum Unterarm gehen sollte. Ich versuche, jungen Leuten beim ersten Mal solche offensichtlichen Geschichten auszureden. Bei dem Gör hatte ich da echt zu tun. Die hatte sich so auf diesen jahrelangen Kampf mit der spießigen Mutter eingeschossen, dass sie sich jetzt rächen wollte. Wir haben dann einen Kompromiss gefunden, aber als die Blüten fertig waren, guckte die in den Spiegel und sagte: »So. Meine Mutter hat in zwei Tagen auch Geburtstag. Das ist jetzt mein Geschenk.« Sie wusste genau, dass die Mutter das Tattoo hassen würde, und wollte es ihr deshalb zum Geburtstag schenken. So krass kann's ausgehen, wenn Eltern meinen, sie könnten ihr Kind kontrollieren. Will doch keiner haben.

Da ist es doch besser, sich selber mal mit dem Thema Tattoo auseinanderzusetzen. Jede Mutter und jeder Vater muss mittlerweile ja damit rechnen, dass das Kind mit 15 oder 16 mit der Frage um die Ecke kommt: »Darf ich jetzt ein Tattoo?« Dann ist der Job der Familie, die Situation zu entschärfen, zu erklären, warum es nicht sein darf, oder einen Deal auszuhandeln. Das geht hin und her, und auf einmal schreibt der dümmste Schüler Einsen, weil die Mutter verspricht, wenn er drei Einsen mit nach Hause bringt, erlaubt sie das Tattoo. Ist hier alles schon vorgekommen.

Ich nenne diese jungen Leute die »Generation Tattoo«, weil sie diejenigen sind, die Tattoos den Weg in den Mainstream ebnen. Die Kids sind teilweise gnadenlos. Viele suchen ihre Jobs tatsächlich danach aus, ob sie auf der Arbeit ihre Tattoos zeigen können. Die sagen: Ich bin

Tattoo, und ich will Tattoo sein, und wenn das in irgend-einer Branche nicht geduldet wird, dann mach ich da nicht mit. Finde ich krass. Und was auch kurios ist: Für viele junge Leute sind wir Tätowierer, mehr als jeder Lehrer oder die Eltern, Respektspersonen. Von uns lassen die sich auf einmal Dinge sagen, die andere nicht mal durch jahrelanges Predigen durchsetzen. Ich hatte die übelsten Typen hier. Die kamen rein: »Ey, du, Alter, isch wollt mal fragen ...«

Bei so was hake ich sofort ein und sage: »Du, ich weiß ja nicht, was ich für dich bin, aber grundsätzlich sagt man erst mal Tag, wenn man hier reinkommt.«

Dann meint der: »Ey, was willst du von mir?«, und ich antworte: »Das war jetzt genau einmal zu oft ›Ey‹. Scher dich raus, und geh mir nicht auf den Sack.«

Dann zieht der ab. Kurz danach kommt sein Kumpel rein und fragt, was los war. Dann sag ich dem, sein Freund soll erst mal lernen, sich vernünftig mit mir zu unterhalten, Tag sagen und den ganzen Scheiß. Der Kumpel zieht auch wieder ab. Kurz danach kommen sie zusammen wieder, und der Typ vom ersten Mal sagt: »Tach erst mal. 'Tschul-digung, vielleicht hatten wir 'nen Scheißstart.«

Da muss ich schon wieder lachen und sage: »Ey, komm her. Was willst du denn wissen?«

So was find ich gut. Wenn sich die Leute bewegen. Ich weiß ja, dass die alle von ihrem Umfeld geformt werden. Und ist doch geil, wenn sie ausgerechnet in einem Tattoo-laden ein paar Benimmregeln mitkriegen.

Danach geht das Spielchen weiter. Dann müssen die erst mal erzählen, warum sie sich überhaupt tätowieren las-sen wollen, was und wohin. Mittlerweile kommt ja oft gleich zu Anfang: »Unterarm!« Diese Jungs muss ich dann gleich runterholen, denen erklären, dass sie besser mit einem kleinen Tattoo anfangen, das nicht jeder sofort sieht, um zu gucken, wie sie selbst damit klarkommen. Ich sag denen immer: Tattoo ist Denksport. Man sollte ein paar Dinge beachten, bevor man sich das erste Mal unter die Nadel legt. Es gibt Regeln in dieser Gesellschaft, die dazu beitragen können, dass ein Tattoo einem das Leben zur Hölle macht. Wenn es vorher schon schwierig war, den Traumjob oder überhaupt einen Job zu finden, kann ein Tattoo dafür sorgen, dass es noch schwieriger wird. Man sollte also aufpassen, dass man sich nicht selbst Steine in den Weg legt. Dann ist da noch die Verantwortung gegenüber anderen. Vielleicht hast du eine Freundin, die Tattoos nicht mag, die aber auch weiter mit dir klarkommen soll. Oder du hast irgendwann Kinder. Wenn ein Typ mit Halstattoo sein Kind in die Kita bringt, muss er damit rechnen, dass die Erzieherin sein Tattoo nicht mag und deshalb das Kind schlechter behandelt. Warum ich das erzähle? Weil ich nicht mit Scheuklappen in meiner bunten Tattoowelt sitze, sondern auch Leute mag und respektiere, die nicht tätowiert sind. Man muss verstehen, wenn jemand sagt: »Ich mag das nicht. Ich will's nicht anfassen. Ich find's eklig.«

Sogar ich finde Tattoos an bestimmten Körperstellen scheiße. Wenn bei Frauen das Dekolleté zu stark tätowiert ist oder die Brüste komplett zu sind, finde ich das unmöglich. Da kann ich nichts Frauliches dran finden. Bei Männern gehen mir zutätowierte Arschbacken total auf den Sack. Fragt mich nicht warum, aber wenn ich einen käseweißen Mann sehe, der nur eine Tätowierung auf der Arschbacke hat, könnte ich schreiend wegrennen. Bei solchen Dingern habe selbst ich, der in der Materie drinsteckt, Probleme. Wenn ich mir also einen Menschen vorstelle, der gar keinen Bezug zu Tattoos hat, dann ist für den mein zutätowierter Unterarm wahrscheinlich wie für mich die Arschbacke beim Mann.

All diesen Kram erzähle ich denen. Dann sagen manche: »So, wie du hier rumquatschst, bist du aber schlecht fürs Geschäft.« Sehe ich völlig anders. Tätowieren hat mit Vertrauen zu tun. Und wenn jemand im Vorfeld Verantwortungsbewusstsein zeigt, kann er nicht schlecht fürs Geschäft sein. Außerdem ist er bestimmt nicht schlecht für dich. Abgesehen davon: Nur weil Bushido alle möglichen Symbole auf dem Hals hat, heißt das noch lange nicht, dass du diese Symbole auch auf den Händen oder dem Hals brauchst. Solche Ansagen verstehen die meisten irgendwann auch. Oft sind es sogar die, die am Anfang mit den schwachsinnigsten Ideen kommen, die im Nachhinein am dollsten wachgerüttelt werden. Das siehst du an ihren Motiven und an ihrem Verhalten. Da sagt auf einmal der dumme Wedding-Bauer oder der Hip-Hop-Bursche zu seinem Kumpel: »Mann, Alter, bist du jetzt blöd. Du willst doch jetzt nicht die volle Unterarmscheiße machen.« Dann weiß ich, die haben zugehört, und die haben was begriffen. Und das sind dann vielleicht sogar die, die irgendwann antraben und bei uns eine Ausbildung machen wollen.

Das mit der Tätowiererlehre ist so ein Ding. Einerseits passiert es mit der zunehmenden Popularität von Tattoos immer öfter, dass Typen in den Laden kommen und hier eine Lehre machen wollen, andererseits ist Tätowierer immer noch kein anerkannter Ausbildungsberuf. Kein Amt zahlt dafür Geld. Da ist purer Idealismus gefragt. In der Praxis heißt das: Ein Tattoolehrling muss uns alte Hasen an 30, 40 Stunden in der Woche unbezahlt mit seiner Arbeit begeistern, um danach wahrscheinlich zu einem Kellnerjob zu rasen, damit er seine Miete zahlen kann. Da muss man schon verbissen an diesem Traum hängen, um das durchzuhalten. Ich setze mich momentan für die Eröffnung einer Tätowiererschule ein. Im Grunde könnte ich mich aber nur über die verschnarchten deutschen Behörden aufregen, die es nicht gebacken kriegen, einen Job, bei dem die Leute im Blut der anderen rumwühlen, legal zu machen. Aber das nur nebenbei.

Wer es trotzdem versuchen will: Wenn du in einen Tattooladen gehst, um dich vorzustellen, solltest du eine Zeichenmappe mit Bildern von dir mitbringen, um den Leuten zu beweisen, dass du ein Grundtalent hast. Wenn du sogar schon was tätowiert hast, ist das ein zweischneidiges Schwert. Da sagt der eine: »Hey, ist ja cool, du scheinst ja richtig Bock drauf zu haben«, aber es wird auch Leute geben wie mich, die sagen: »Wenn du einfach drauflostätowierst, hast du nicht den nötigen Respekt vor dem Job. Wenn du untrainiert und unausgebildet Tattoos stichst, nimmst du dabei in Kauf, dass du Scheiße baust und der Mensch, den du tätowiert hast, für den Rest seines Lebens mit dieser Scheiße rumrennen muss, also stimmt deine Einstellung nicht, du bist 'n Arschloch.«

Hier kommen Leute rein, die sagen: »Ich will Tätowierer werden.«

»Ja, ich auch«, sag ich dann. »Hast du denn 'ne Zeichenmappe mit?«

»Zeichenmappe? Nee, hab ich jetzt grad nicht bei.«

Dann kommen die ein paar Tage später wieder und haben drei Dinger gemalt, die meine fünfjährige Nichte besser hinkriegen würde. Dann kriegst du entweder einen Lachkrampf, oder du fragst den Typen, ob er dich verscheißern will. Es gibt aber natürlich auch die Leute, die echt beeindruckende Zeichnungen vorlegen. Wenn jemand ein guter Zeichner ist, heißt das aber nicht zwangsläufig, dass er auch ein guter Tätowierer ist. Ein Mensch ist kein Blatt Papier. Der zuckt und jammert, er hat keine ebene Fläche, du kannst ihn nicht drehen und wenden, wie du willst. Außerdem musst du das Medium Maschine verstehen und damit klarkommen. Und du musst dich am Anfang auch unterordnen können.

Wir hatten einen Typen hier, der hatte nie zuvor irgendwo 'ne Lehre gemacht. Der hatte Abi, war ein toller Zeichner und war beim Bund gewesen. Wenn du dem gesagt hast, er soll mal da und da sauber machen, dann hat der dich angeguckt und gesagt: »Wie, sauber machen?«

Da sag ich zu dem: »Ich verrate dir jetzt mal ein Geheimnis, Lehrjahre sind keine Herrenjahre. Wenn du von uns was willst, musst du schon 'ne Gegenleistung bringen. Soll ich vielleicht noch für dich putzen, du Trottel?« Unsere Daniela hat es mal ganz treffend gesagt: »Klar zeig ich dir, wie die Maschine funktioniert. Dann schrubbst du aber erst mal die dreißig Griffstücke und machst meinen Arbeitsplatz sauber, danach kann's losgehen.«

Dieses Ding hat der Typ nicht verstanden. Der stieß ganz schnell an seine Grenzen. Der fing dann an zu lästern. Hinterm Rücken von einem unserer alten Hasen hat er irgendwas über dessen Freundin rumerzählt. Das führte dazu, dass der alte Hase ihn irgendwann am Kragen packte und dieser kleine Abiturient in der Luft rumzappelte und winselte. Ich weiß nicht, wo manche Typen ihr Selbstbewusstsein hernehmen. Wahrscheinlich haben die alle Omis, die sie abgöttisch lieben und die ihnen aufs Kackhaus die Pralinen hinterhertragen. Aber seine Sporen muss man sich im normalen Leben erst mal verdienen. Als Tätowierer ist es besonders hart, weil du mit harten Jungs und einer härteren Welt zu tun hast. Hier wird's mal laut, hier geht's mal rund, da kann ich kein Sensibelchen gebrauchen. Ich mag die alte Schule, und ich kann sagen: Jeder, der bei Classic Tattoo diese Schule durchlaufen hat, ist ein guter Tätowierer geworden, hat was fürs Leben gelernt, kann was vermitteln und kommt selber klar.

Wir hatten vor kurzem Zickenkrieg mit einem unserer Lehrlinge. Irgendwas hatte ihm nicht gepasst. Er machte gerne mal auf Diva, weil er sich als toller Nachwuchstätowierer-Hecht fühlte. Ich hatte also eine Aussprache anberaumt. Wir warteten auf ihn, er kam an, und dann herrschte auf einmal Stille. Irgendwann sag ich: »Na, was haste denn nun?«

Daraufhin erzählte der, dass er auf dem Weg in den Laden an einem Plakat vorbeigefahren ist, auf dem stand, dass 95 Prozent der Deutschen mit ihrem Job unzufrieden sind. Und dann guckte er mich mit großen Augen an und sagte: »Dann bin ich einer von den fünf Prozent. Ich darf das machen, was ich liebe.« Damit waren alle seine Fragen beantwortet, und ich hab ihn in den Arm genommen. Der Typ ist wie mein Sohn. Auch so einer, bei dem ich mich manchmal wundere, wie clever und kreativ er ist. Er ist allerdings auch ein bisschen durchgeknallt. Damit ist er in der Generation Tattoo aber nicht allein. Dafür gibt's jetzt drei Beispielgeschichten.

DER 1. FEBRUAR

Es gibt hier in Deutschland einen Kult, dessen Anhänger sich in so eine japanische Musikszene reinbeamen. Diese Kids sind völlig weltfremd. Die tragen Schultrachten aus

Japan, egal, wie dick und schlimm sie darin aussehen, und geben sich japanische Namen. Ein Mädel, das Anhängerin dieses Kults war, marschierte mit ihrer Uniform hier in den Laden. Sie wollte einen Schmetterling tätowiert haben. In den Nacken. An einem 1. Februar. Das ist erst mal ja nichts Außergewöhnliches. Ich hab ihr also diesen Schmetterling gemacht. Als wir fertig waren, schrieb sie einen neuen Termin für den 1. Februar des kommenden Jahres. Ich war damals nur auf drei, vier Monate ausgebucht und hab das nicht richtig geschnallt, aber sie meinte, das geht nur am 1. Februar. Na gut, dann eben bis zum nächsten Jahr. Am 1. Februar stand sie wieder auf der Matte. Diesmal kam der Schmetterling aufs Handgelenk, und es wurden danach gleich Termine für die nächsten drei Jahre geschrieben. Jeweils am 1. Februar, versteht sich. Da wollte ich doch mal genauer wissen, was das jetzt soll. Sie erzählte dann, dass das der Todestag des Sängers von ihrer oberjapanischen Lieblingsband ist und sie deshalb so erpicht auf dieses Datum ist, sie mir als Kundin aber auch nur treu bleiben würde, wenn ich die Termine in den kommenden drei Jahren auch einhalten würde. Sie wollte sogar im Voraus bezahlen, aber ich hab auch so drauf eingeschlagen. Man muss seine Kunden ja pflegen. Erst als ich mir irgendwann im November meinen Kalender fürs nächste Jahr vorgenommen habe, hab ich gemerkt, dass sie mich ausgetrickst hatte. Der nächste 1. Februar fiel nämlich auf einen Sonntag, und am Sonntag ist auch mein Laden normalerweise geschlossen. Da wurde mir natürlich klar, warum das kleine Aas so beharrlich diesen Deal mit mir ausgehandelt hatte. Ich hab sie sofort angerufen, und sie legte gleich los: »Du hast es versprochen, du hast es versprochen!« Die nagelte mich dermaßen auf dieses Versprechen fest, wenn sie vor mir gestanden hätte, hätte sie mir wahrscheinlich 'ne Knarre an den Kopf gehalten. Nur wegen eines Datums. Schon ziemlich krank. Für mich persönlich kränker, als wenn sich jemand den Reifenabdruck seines Autos auf die Fußsohle tätowieren lässt, um Verbundenheit zu seinem Auto zu signalisieren, was hier auch schon vorgekommen ist. Aber solche Dinger passieren hier eben. Ich hab's auch durchgezogen. Ich bin an diesem Sonntag extra für dieses Mädel in den Laden gekommen. Was ich an der ganzen Geschichte am unglaublichsten finde, ist das Ding, dass sich ihr Leben in diesen sechs, sieben Jahren, die sie mittlerweile hierherkommt, anscheinend nicht verändert hat. Ich dachte eigentlich, aus so einem Teenagerding mit japanischen Namen, Uniformen und Hello-Kitty-Welt wächst man irgendwann raus. Mit 18, 19 findet doch normalerweise eine Entwicklung statt. Mir würde heute ja auch nicht mehr im Traum einfallen, beim Anblick von Nena in ihrer Lederhose zu onanieren, was ich mit 17 ohne Scheiß getan habe. Bei dieser Frau ist es anders. Ich habe mit der bis heute sechs oder sieben Schmetterlinge durchgedrückt. Auch dieses Jahr stand sie am 1. Februar vor der Tür. Allerdings hatte sie diesmal vergessen, sich anzumelden. Ganz blöd. Ich kam gerade von einer Reise zurück und hab mittlerweile eigentlich Wartezeiten von sechs Monaten. Aber da stand sie: »Hallo, Daniel.«

»Was willst du denn?«, frag ich. »Wir haben hier keinen Termin.«

Da stand sie da wie ein begossener Pudel: »Aber heute ist doch der 1. Februar.«

Ich hab sie am Ende doch noch tätowiert. Da wird die Kundentreue belohnt. Und diese Kultschwester braucht eben einmal im Jahr am 1. Februar ihren Schmetterling. Nein, stopp! Einmal war's ein angebissener Keks. Der kam unten auf die Achillesferse. Kurioserweise ist der aber ganz beschissen abgeheilt. Nächstes Mal lieber wieder 'nen Schmetterling.

JESSIE

Jessie ist eine Tätowiererin, die ich sehr verehre. Sie hat ihre Ausbildung bei Classic Tattoo gemacht, ist mittlerweile aber nicht mehr hier. In ihrer Zeit bei uns hat sie einige Dinger gebracht, die mich beeindruckt haben, das Denkwürdigste war aber ihre Bewerbung. Die marschierte hier rein und legte mir ihre Zeichenmappe vor. Ich guckte mir das Zeug an und wollte gerade sagen »Topp«, da knallte die mir 'nen verschweißten Gefrierbeutel mit zwei Schweinshaxen drin auf den Tresen. Diese Schweinshaxen hatte sie mit zwei richtig schicken Old-School-Kirschen tätowiert. Das war 'ne Leistung. Ich habe selber mal probiert, eine Schweinshaxe zu tätowieren, und das ist richtig schwierig. Das ist totes Gewebe, das sich anders dehnt. Du musst die Haut mit einer Hand auseinanderziehen, damit sie straffsitzt, bevor du mit der Nadel die Linien führst. Auch die Farben lassen sich viel schlechter verwischen. Das ist also zehnmal anspruchsvoller, als auf normaler Haut rumzukratzen. Bei dieser Bewerbung konnte ich sehen: Die Frau kann geil zeichnen, sie konnte auch tätowieren, vor allem aber hat sie mit dieser Geschichte Verantwortung bewiesen. Die hat gesagt, ich probier jetzt nicht an Menschen rum, sondern an totem Material. Und so 'ne Haxe anzufassen, ist auch nicht ohne. Die sind ja meist abgehackt und blutig. Und dann die Kreativität, die in so einer Bewerbung steckt. In diesem Fall konnte ich gar nicht anders, als zu sagen: »Klar, dich nehm ich sofort!«

DIE ENKELIN

Ein Mädchen Anfang zwanzig kam in den Laden und legte mir ein Bild hin, auf dem ein Vogel auf einem Ast saß. Der Vogel war ziemlich schlecht gemalt, und ich hab gesagt: »Komm, ich kann dir auch einen schönen Vogel auf einem schönen Ast stechen, okay?« War aber nichts zu machen. Sie wollte exakt dieses Motiv so tätowiert kriegen. Sie war ganz vorsichtig mit dem Blatt, und es durfte auf keinen Fall zerknittert werden. Interessanter als das Bild selber war nämlich die Geschichte, die dahintersteckte. Den Vogel hatte ihr Opa gemalt, den sie sehr verehrte. Er war schon gestorben, als sie elf war, und sie hatte ihn gar nicht mehr richtig kennengelernt, aber ihre Oma hatte alle möglichen heldenhaften Geschichten über diesen Mann erzählt. Er war nach dem Mauerbau Fluchthelfer gewesen und noch früher einer der ersten Eishockeynationaltorwarte der DDR. Das war noch zu Zeiten, wo's beim Eishockey richtig ruppig zuging. Heute gucken wir uns da ja Kosmonauten auf Schlittschuhen an. Damals gab's 'ne Lederhaube, ein paar Polster, und wenn einer keine Kohle hatte, hatte der nicht mal Handschuhe. Es gab am Spielfeldrand auch keine Plexiglasscheiben zum Schutz des Publikums. Wenn der Puck über die Rampe flog, mussten die Leute zusehen, dass das Ding keinem ins Gesicht schoss. Okay, zu dieser Zeit, als das Mädchen noch gar nicht geboren war, stand ihr Opa also in diesem Eishockeytor, und ein Stürmer feuerte den Puck quer übers Feld Richtung Tribüne. Der Opa konnte das Ding gerade noch fangen, bevor es das Gesicht einer Frau zerfetzte, die an der Bande stand und zuguckte. Wenn die das Teil mit 180 Sachen, oder was weiß ich, wie schnell solche Teile sind, ins Gesicht gekriegt hätte, wäre sie kaputt gewesen. Und es kommt noch krasser. Die beiden guckten sich an, verliebten sich auf der Stelle ineinander und heirateten. Diese Frau an der Bande war also die Oma gewesen.

Das Mädchen hatte diese Heldenstorys über ihren Opa gefressen. Die liebte diese Geschichten und wollte ein Andenkentattoo zu seinen Ehren haben. Und da der Typ gerne gemalt hat, war der Plan, dass sie sich eins seiner Bilder tätowiert. Als die Oma das hörte, ist sie total ausgerastet. Die war aufgrund ihrer alten Werte strikt gegen Tattoos, ist fast aggressiv geworden und hat keine der Zeichnungen als Vorlage rausgerückt. Die Folge: Die Enkelin hat sich mit einem Zweitschlüssel ins Haus der Oma geschlichen und das Bild von diesem Vogel geklaut. Wir haben das Ding kopiert, sie hat das Original wieder hingehängt, und wir konnten loslegen. Hat mehrere Sitzungen gedauert. Das Motiv ging über den ganzen Rücken, ein richtig großes Teil. War auch gar nicht so einfach, es exakt so schlecht zu stechen, wie es gemalt war. Irgendwann war das Tattoo fertig, das Mädchen war glücklich und ging. Nach ein paar Monaten stand sie auf einmal wieder im Laden – mit ihrer Oma. Diese Frau hat sich bei mir bedankt, weil sie das Tattoo so toll fand. Sie, die strikte Gegnerin von Tattoos, hatte vor Rührung geweint, als sie das Bild auf dem Rücken ihrer Enkelin gesehen hat. Die hat nicht mehr aufgehört, die an sich zu drücken. Das ist das Schöne an der Geschichte: Das Mädchen hat ihrer Oma von einer Sekunde auf die andere die tiefe Bedeutung vermittelt, die in so 'nem Tattoo stecken kann. Das hat mir echt imponiert.

STAMMSTICH

> »Irgendwann hat jeder seinen
> Stammtätowierer. Meiner ist Alex.
> Wenn ich mich fremdtätowieren
> lasse, wird er zickig.«

Die meisten Leute, die sich regelmäßig tätowieren lassen, haben irgendwann ihren Stammtätowierer. Das ist bei mir so, das ist bei meinen Freunden so und natürlich auch bei meinen Kunden, die irgendwann zu Stammkunden bei Classic Tattoo werden. Ich tätowiere teilweise die Töchter von Vätern, die vor zwölf Jahren das erste Mal zu mir gekommen sind. Die Töchter waren damals vielleicht zehn, heute sind sie erwachsen und lassen sich zuschwarten, während der Vater gar nicht mehr weitermacht. Der kommt höchstens zwischendurch mal vorbei und schüttelt den Kopf über seine Tochter, weil die mittlerweile mehr Tätowierungen hat als er selber. In solchen Situationen wird mir selbst auch immer bewusst, dass ich nicht mehr der Jüngste bin. Aber ich finde das trotzdem cool. Wenn die Leute wiederkommen, ist es ja auch eine Bestätigung dafür, dass du deinen Job gut machst.
Ich sage inzwischen sowieso: Wenn du mit einem Tätowierer nicht klarkommst, dann kannst du dich nicht von ihm tätowieren lassen. Du musst mit dem Typen Zeit ver-

bringen, und du musst ihm vertrauen. Und wenn du an den Falschen gerätst, hast du am Ende unauslöschlich ein Bild auf dem Körper, mit dem du dich wegen menschlicher Defizite gar nicht mehr identifizieren kannst oder willst. Das zu erkennen ist ein Prozess. Ich selbst lasse mich mittlerweile nicht mehr von Leuten tätowieren, nur weil sie berühmt sind oder tolle Künstler. Es gibt geile Tätowierer in Berlin, deren Arbeit ich wirklich sehr schätze. Ich könnte mich aber trotzdem nicht von denen tätowieren lassen, weil ich weiß, dass sie menschlich totale Arschlöcher sind. Das ist wie mit dem Friseur oder dem Hausarzt. Da braucht man auch Vertrauen. Obwohl: Zu Ärzten gehe ich nicht, weil ich glaube, dass die uns mit ihren Medikamenten alle vergiften, und zum Friseur muss ich nicht, weil ich sowieso eine Platte habe. Umso wichtiger also, dass ich einen guten Tätowierer habe. Ich habe natürlich den Vorteil, dass ich nicht mehr suchen muss.

Ich habe bei Classic Tattoo 13 Top-Tätowierer um mich rum, die meine Freunde sind. Aber nur einer davon ist mein Stammtätowierer, und das ist Alex. Wir arbeiten seit sieben Jahren zusammen. Aber er ist auch mein bester Freund, mit dem ich um die ganze Welt reise. Wir führen so was wie eine Arbeitsehe. Ich liebe diesen Mann. Fehlt nur noch, dass wir Sex miteinander haben. Alex könnte mir im Vollsuff ein Tattoo versauen, und ich wäre ihm trotzdem nie böse. Weil ich ihn menschlich so schätze. Der ist ein Typ, der bei jedem seiner Kunden höchste Qualität abliefert, der aber überhaupt keine Ansprüche an seine eigenen Tätowierungen stellt. Dem ist völlig egal, was bei ihm auf die Haut kommt, weil er jedes noch so beschissene Tattoo als Andenken wertet. Einmal hat er spätabends noch einen alten Freund tätowiert. Die haben bei der Sitzung Bier gesoffen, und der Typ erzählte irgendwann, dass er schon immer mal versuchen wollte, selber zu tätowieren. Da hat Alex dem die Tattoomaschine in die Hand gedrückt, ihm das Bein hingehalten und gesagt »Dann probier mal«. Der Typ war natürlich megaaufgeregt und hat sich beim Tätowieren vor Konzentration fast die Zungenspitze abgebissen. Das fand Alex so lustig, dass er sich im Laufe des Abends das halbe Bein von dem hat vollkratzen lassen. Als ich das am nächsten Tag gesehen habe, dachte ich, er tickt nicht mehr richtig. Aber Alex meinte nur: »Sieht doch lustig aus.« Der nimmt die Situation, nimmt diesen Abend und das Gelache als Erinnerung, und weil er diesen Typen mag, lässt er den Scheiß drauf. Das ist Sammelbein in Hardcore.

Auf der anderen Seite ist er selbst ein begnadeter Tätowierer. Der malt dir einen Pinguin, der 'ne Rakete im Arsch hat und auf 'nem Surfbrett steht, freihand auf den Körper, und das wird perfekt. Der Typ ist frei im Kopf. Du konfrontierst ihn mit einer Idee, und er setzt sie um. Mit dem sitzt du bekifft im Urwald und sagst: »Krass, hast du gesehen, wie die Mücke den Hund gestochen hat? Da brauch ich jetzt was.« Dann setzt der sich hin, entwirft spontan ein abgefahrenes Bild, das nicht nur perfekt gezeichnet ist, sondern die Situation auch exakt einfängt.

Solche Typen gibt es heute kaum noch. Stattdessen versuchen immer mehr Tätowierer, den Leuten ihren Stil reinzuquatschen, bei dem es weniger um die Vorstellung des Kunden als um das Künstlerego der Tätowierer geht. Da muss der Mega-Elch unbedingt noch eine Tick-Tack-Uhr um den Hals und einen lila Regenbogen überm Kopf haben. Schwachsinn. Alex nimmt die Situationen, wie sie sind, das schätze ich an ihm. Er hat dieses Ding mit dem Vertrauensverhältnis zwischen Tätowierer und Kunde auch mal sehr treffend auf den Punkt gebracht: Einmal kam so ein richtiger Prolet mit seiner Freundin in den Laden und wollte unbedingt von Alex tätowiert werden. Irgendwie kamen die beiden aber nie mit den Terminen überein, sodass erst mal nicht der Typ, sondern seine Freundin bei Alex auf dem Stuhl saß. Die war megasexy und eine richtige Granate, ich hab sie selbst gesehen. Ihr ahnt es wahrscheinlich schon: Alex ist natürlich mit ihr in der Kiste gelandet. War für ihn auch alles cool. Sie war schließlich fremdgegangen, nicht er. Aber die Situation rächte sich im Nachhinein. Irgendwann stand der Typ wieder auf der Matte. Diesmal, um einen Termin für sich selber zu machen, denn eigentlich war er es ja gewesen, der unbedingt von Alex tätowiert werden wollte. Alex hat sich die beklopptesten Ausreden einfallen lassen und immer wieder irgendwelche Gründe erfunden, warum er keine Zeit hat, weil er diesen Typen nicht tätowieren wollte. Aus dem einfachen Grund: Wenn der Macker irgendwann rauskriegt, dass Alex mit seiner Alten gevögelt hat, muss er für den Rest seines Lebens mit einem Tattoo rumrennen, das ihm der Wichser gestochen hat, der vielleicht seine Beziehung zerstört hat. Davor hatte Alex so viel Respekt, dass er diesen Typen nicht tätowieren konnte. Er hat es irgendwann geschafft, ihn an mich weiterzureichen, und ich hab auch sofort geschaltet. Bei so was verstehen wir uns blind. Genau wie beim Tätowieren. Deshalb passen wir perfekt zusammen.

Ich selbst würde heute sogar so weit gehen, dass ich keine großen Tattooprojekte mit anderen Tätowierern als mit Alex mache. Das wäre wiederum für mich wie Fremdgehen. Wenn ich an mein Sammelbein Tätowierer aus anderen Ländern ranlasse, ist das was anderes, aber größere Projekte macht eigentlich immer Alex. Ich habe ja erzählt, dass ich ein paar Sachen mit Daniela gemacht habe.

1 Beach Boys Ost, 1986. Ich bin der Dritte von links.

2 Passbild mit 17. Coole Kopfhörer, wa? Und die Frisur erst!

3 Im Osten geht die Sonne auf. Ich mit 19 am S-Bahnhof Schönhauser Allee.

4   Einmal Türsteher,
immer Türsteher.

5   Everybody needs
somebody to love:
Alex und ich in Blues-
Brothers-Pose.

6   Teile meiner Tattoo-
familie und ich vorm
Classic-Tattoo-Rock &
Artcafé in der Dircksen-
straße.

7

8

9

7 Zwischendurch muss ich auch mal arbeiten.

8 Das bin nicht ich, dafür hab ich die Tattoos gemacht - japanische Masken.

9 Blüten steche ich mittlerweile mit geschlossenen Augen.

10 Ein lebendes Kunst-
werk made by Classic
Tattoo: Lexy

11 Zu Besuch bei
„Ink"-Star Ami James
(rechts) in Miami. Der
dicke Typ in der Mitte ist
ein Kunde von ihm. Der
dicke Typ links bin ich.

12 Zwei Typen, eine
Meinung: Ami James
und ich.

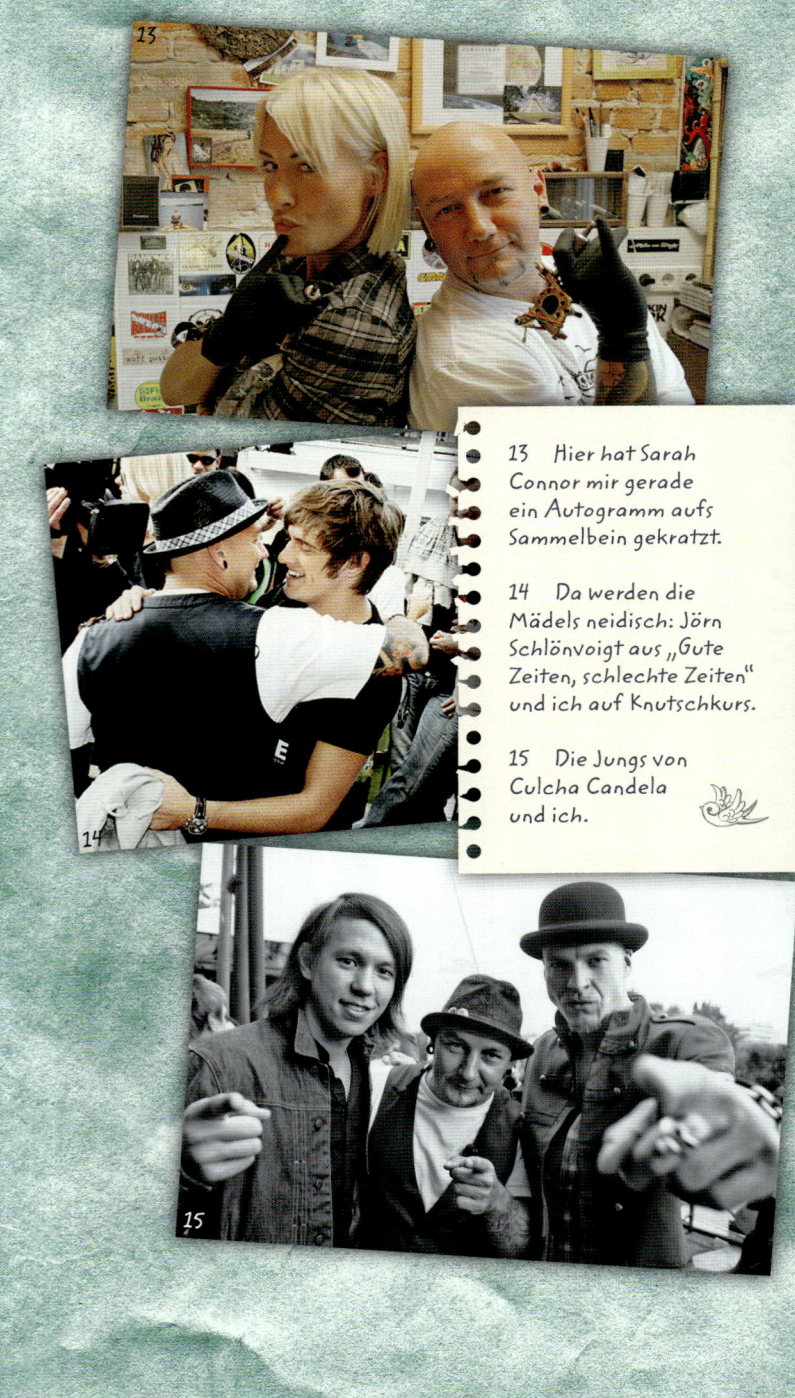

13 Hier hat Sarah Connor mir gerade ein Autogramm aufs Sammelbein gekratzt.

14 Da werden die Mädels neidisch: Jörn Schlönvoigt aus „Gute Zeiten, schlechte Zeiten" und ich auf Knutschkurs.

15 Die Jungs von Culcha Candela und ich.

16

16   Der Wagen gehörte einem Typen, den ich zufällig in Los Angeles getroffen habe. Die Brille übrigens auch.

17   Noch mal Los Angeles: Auf der Dachterrasse eines Millionärs hab ich fürs TV tätowiert.

17

18 Für den Fall, dass ich mal vergesse, wie schön das Tätowiererleben ist, gibt es Fotos wie dieses.

19 Das Leben ist geil: Der Oststrand, mein Baby und ich.

Danach hat Alex mich richtig angezickt. Dem ist sonst alles egal, bis auf seinen Fernseher und sein Auto vielleicht, aber wenn ich mich fremdtätowieren lasse, wird er zickig.

So genau nehmen's die Kunden sicher nicht. Es gibt auch welche, die lassen sich von drei Tätowierern gleichzeitig tätowieren, weil sie bei uns zu lange auf Termine warten müssen. Aber es gibt auch die, die darauf bestehen, dass unbedingt Alex oder Daniela oder ich sie tätowieren sollen. Die wollen meist nicht nur das Bild auf der Haut und eine anständige Beratung, die kaufen auch das Erlebnis mit ein. Den Laden, die Kollegen, die Gespräche.

Ich glaube, dass die Hälfte meiner Kunden zu mir kommt, weil sie bei mir mehr bekommt als nur ein Tattoo. Die unterhalten sich gerne oder mögen es einfach, mit mir zusammen zu sein. Ich habe Mädels, die kommen hierher und schlafen beim Tätowieren ein. Da merkst du richtig, wie sie sich wohl fühlen. Dann fragst du die: »Was ist los? Alles okay?«, und die antworten: »Ja, alles cool. Hier darf ich einfach nur ich selbst sein.« Dann ist die Musik entspannt, und man redet locker. Ich kenne Tätowierer, die stöpseln sich vor der Sitzung den iPod ein und wollen mit ihren Kunden gar nicht reden. So was mache ich nicht. Ich bin immer Mensch geblieben bei meiner Arbeit. Das schätzen viele.

Ich hab natürlich auch mal Tage, wo ich schlechte Laune habe. Das merken Stammkunden aber meistens. Dann lassen sie mich in Ruhe. Dafür kommen sie beim nächsten Mal vorbei und bringen mir Käsekuchen mit, weil sie wissen, dass ich den mag. Die kennen mich halt als den lustigen Menschen und können nicht gleich sortieren, wenn ich mal nicht lustig bin. Dann muss ich mich entschuldigen und sagen, dass sie das nicht persönlich nehmen müssen.

Aber wenn du am Tag drei Kunden hast, die tragische Geschichten mit ihren Tattoos verarbeiten, dann fällt es beim vierten Kunden schwer, immer noch lustig drauf zu sein.

Ein anderes Problem ist, wenn sie auf einmal Stile haben wollen, in denen ich nicht arbeite. Ich tätowiere zum Beispiel keine Porträts. Da hab ich zu viel Respekt vor, das ist die ganz große Kunst. Wenn dann einer ankommt und unbedingt ein Porträt seines Kindes haben will, muss ich den zu jemand anderem schicken. Das ist der Typ sich selbst schuldig. Manche Leute werden da richtig penetrant oder bieten sogar das doppelte Geld. Aber da bin ich mittlerweile standhaft. Ich hab mich auf fünf Stilrichtungen eingeschossen, von denen ich weiß, dass ich sie gut kann: Blüten, Tribals, asiatische Sachen, kleine Ranken und New School-Geschichten. New-School-Motive sind moderne Varianten von traditionellen Old-School-Tattoos wie Schwalben, Kreuzen, Schiffen oder Sternen. Die werden heute meist ein bisschen comicmäßiger gestochen oder durch kleine Extras ergänzt. Das macht meistens Spaß. Im Gegensatz zu den kleinen Ranken. Die gehen mir mittlerweile viehisch auf den Sack, und ich kann sie mit verbundenen Augen tätowieren. Andererseits tätowiere ich lieber Dinge, von denen ich hundertprozentig weiß, dass ich sie kann, als aus falschem Egoismus heraus Leute zu versauen. Es gibt die Faustregel: Wenn ein Tätowierer ein Bild nicht freihand auf dem Papier malen kann, dann kann er es auch nicht tätowieren. Daran halte ich mich. Auch wenn der Typ am Tresen unbedingt einen Panther von mir gestochen kriegen will. Mach ich nicht. Es ist manchmal krass, wie die Leute da reagieren. Manche schwenken sogar im Motiv um, nur um bei mir sitzen zu können. Das ehrt mich bis zu einem gewissen Punkt, aber ich rüttele die Leute auch wach. Das müssen sie sich nicht geben.

Seit ich in den Medien bin, lerne ich, den starken Bezug zu meinen Kunden sogar noch mehr zu schätzen. Der ganze Fernsehtrubel artet auch oft in Stress aus. Da fällt einiges unter den Tisch. Aber ich hol's mir jedes Mal zurück. Wenn ich wieder in meinem Raum bin mit meinen Kunden, dann fahre ich runter. Bei meinem Job kann ich entspannen. Hier bin ich in meinem Element. Manche Leute kommen zu mir und fragen mit Panik in der Stimme: »Ey, wegen dem ganzen Fernsehscheiß hörst du aber nicht auf zu arbeiten, oder?« Die kann ich dann immer beruhigen. Eher knicke ich mir das Fernsehen als das Tätowieren. Und wo wir gerade beim Fernsehen sind: Gleich erzähl ich, wie es zu dem ganzen Zirkus überhaupt gekommen ist. Aber vorher stell ich euch noch drei meiner Stammkundinnen vor.

TUPPER-MONI

Stellt euch eine Frau vor, die gut Rouladen macht und Käsekuchen backt, dann wisst ihr, wie Tupper-Moni aussieht. Das ist so eine korpulente Dame, die irgendwann aus der Straßenbahn stieg, den Fahrschein noch in der Hosentasche, und bei uns in den Laden wackelte. Sie wollte einen Termin für ihren Mann machen. Er ist Fernfahrer und viel unterwegs. Mittlerweile glaube ich gar nicht mehr, dass es diesen Mann wirklich gibt. Ich kenne Tupper-Moni seit fast acht Jahren, immer wieder habe ich Geschichten von diesem Mann gehört, gesehen hab ich ihn aber bis heute noch nie. Das ist wie mit der Ehefrau von Columbo. Gibt es die? Für mich hat Columbo nur 'nen Hund.

Gut, Tupper-Moni wollte also einen Termin für ihren Mann, der dann aber irgendwie doch nie konnte und den Termin dreimal verschob. Irgendwann gab sie zu, dass auch sie Tattoos total irre findet, und wupp, saß sie selber bei mir auf dem Hocker. Ihr kleiner Neffe war auch schon zum Tätowieren hier gewesen, ihre Töchter auch, außerdem hatten wir einen guten Draht zueinander. Das erste Mal hab ich ihr ein Tribal mit 'ner Echse auf die Wade gemacht. Eigentlich ein Standardteil, aber Tupper-Moni war hin und weg. Kurz darauf kam sie wieder und wollte auf die andere Seite noch einen Skorpion, ebenfalls mit Tribal, haben. Diese Frau entdeckte auf einmal eine Seite an sich selbst, die sie noch nicht kannte. Beim dritten Mal kam sie schon mit einem Rückenprojekt an. Ich sagte noch: »Mensch, Moni, hast du dir das gut überlegt?«, aber sie war wild entschlossen und wollte keine Zeit verlieren. Also fing ich an, ihr den Rücken zuzuarbeiten mit lauter kleinen Tribals. Das muss man sich so vorstellen: Tupper-Moni saß in meinem Tattoostudio auf dem Hocker, die kräftigen Hausfrauenarme auf die Oberschenkel gestützt, und füllte den Raum komplett aus. Das war ordentlich Fläche, die da gefüllt werden musste, aber irgendwann war der Rücken dicht. Moni ging und ward erst mal ein Jahr lang nicht mehr gesehen. Ich wunderte mich schon, da tauchte sie plötzlich wieder auf und schrieb gleich einen Arschvoll Termine. Ich sage: »Was ist denn jetzt los?« Da guckt die mich an und antwortet: »Du, ich kann damit jetzt nicht mehr aufhören.«

Ich fand es schon etwas grenzwertig, als wir nach dem fertigen Rücken damit anfingen, ihr den Oberschenkel bis zum Arsch hochzutätowieren, aber sie wollte das unbe-

dingt. Irgendwann erzählte Moni, dass sie ihre Tattoo-
sitzungen in ihren Haushaltsplan einkalkuliert. Sie hat
eine Zeitlang Tupperware verkauft, deswegen auch Tupper-Moni. Das Geschäft lief mehr schlecht als recht, aber
über dieses Tupper-Geld sparte sie sich ihre Tattootermine zusammen. Da ist das T zum T gekommen: Tupper zu
Tattoo. Ich kenne Leute, die rechnen alles, was sie bezahlen müssen, in Bier um, nach dem Motto »Wenn ich das
nicht kaufe, kann ich mir dafür 30 Bier leisten«. Bei Tupper-Moni ist es so, dass sie gezielt ihre Schüsseln verkauft, um sich Tattootermine leisten zu können. Sie kriegt
deshalb wirklich Sparpreise. Ich mache das bei ihr für
ganz wenig Geld, weil ich weiß, dass sie ihre Kinder hat
und richtig haushalten muss. Das läuft hier so. Wenn da
draußen ein fetter Proll einparkt, mit einer dicken Merce-
des-Kiste unterm Arsch, dann zahlt der den Hunderter
mehr, den Leute wie Moni weniger bezahlen.
Jedenfalls ist diese Frau mit den Jahren so eine Art Tattoo-
Mama für mich geworden. Sie ist eigentlich nur zehn,
zwölf Jahre älter als ich, aber irgendwie hat sie so was
Mütterliches. Sie hat auch einen Haufen voll Kinder, die
ihr ihre Tattoos alle gönnen. Find ich geil. Das ist eine
Frau, die selbstbewusst ihren Weg geht. Der ist scheißegal, ob ihre Tupper-Omis sie komisch angucken wegen
ihrer Tattoos. Die sagt: Ich bin Moni, ich bin Tattoo, ihr
könnt mich alle mal! Irgendwann hab ich mal zu ihr gesagt: »Du, ich hab deinen Mann ja noch nie gesehen.«
Sie hat geantwortet: »Ja, der ist halt Fernfahrer, ich seh
den selber selten. Dich seh ich öfter … Und stechen tust
du mich sowieso häufiger als der.« Dann hat sie sich totgelacht. So eine Ebene haben wir mittlerweile. Macht
Spaß. Moni sagt, sie lässt sich nicht nur wegen der Tattoos
tätowieren, sondern auch wegen mir. Sie würde schlag-

artig damit aufhören, wenn ich es nicht mehr machen würde. Das ist natürlich ein Megakompliment – und auch ein Grund, warum sie mir so ans Herz gewachsen ist.

DIE POLITESSE

Es gibt mittlerweile immer mehr ältere Frauen, die das Tätowieren für sich entdecken. Zu denen habe ich oft einen besonderen Draht. Ein Beispiel ist eine Politesse. Die kam an und wollte anfangs nur einen kleinen Ast mit so Blüten haben. Hinten, knapp überm Steiß. Also machte ich ihr diesen kleinen Ast. Ich hab sie dann gefragt, wie alt sie ist. Sie war Mitte vierzig und hatte echt einen guten Körper. Hab ich ihr auch gesagt: »Mensch, du bist aber gut in Schuss für dein Alter.« Ich weiß, wie schwer es ist, sich mit 40 noch ein Bauchbrett anzutrainieren. Dafür wird die Frau richtig geackert haben. Jedenfalls: Sie kam sehr schnell wieder. Der Ast wanderte immer weiter, quer über den Rücken bis hoch zum Schulterblatt. Aber es war schnell klar, dass diese Frau nicht nur wegen des Tattoos herkam. Sie wollte auch mehr von dieser Beachtung, die ich ihr gab. Und sie fing an, ihre Geschichte zu erzählen. Ein halbes Leben war sie mit einem Typen zusammen gewesen, der sich zum Schluss nicht mehr richtig für sie interessiert, ihr keine sexuelle Bestätigung mehr gegeben und sie irgendwann für ein junges hübsches Ding sitzengelassen hatte. Aber die Frau war stark und ist erhobenen Hauptes aus dieser Beziehung rausgegangen. Ich denke, die letzten fünf oder zehn Jahre hatte sie versucht, durch das Training ihres Körpers neue Impulse zu setzen. Sie hat sich für ihren Partner bemüht, weil sie an die Beziehung geglaubt hat. Aber sie hat nichts dafür zurückbekommen. Und irgendwann stand sie alleine da. Nun kommt die Frau zu mir in den Laden, wahrscheinlich nur aus der Nummer heraus: Ich hab mich getrennt und will jetzt noch mal auf den Putz hauen. Aber dann bekam sie innerhalb von ein paar Minuten etwas, womit sie überhaupt nicht mehr gerechnet hatte: ein Kompliment. Ein Typ wie ich zollte ihr endlich den Respekt für fünf Jahre Schweiß, den sie in ihrem Fitnessstudio vergossen hat. Und er sah sie als Frau. Hatte die wahrscheinlich sonst nie. Ich meine, was ist eine Politesse, wenn sie in ihrem Job ist? Dann ist sie die Zicke, der keiner gerne begegnet. Ich kenne keinen Menschen, der Politessen mag. Da muss man schon einen extremen Fetisch haben. Also erfährt diese Frau in ihrem Job nur Ablehnung. Aber ich habe sie ja nicht als Politesse gesehen. Sie hat erst später erzählt, dass sie diesen Job macht. Also hat sich zwischen einer Frau, die sonst die Falschparker abkassiert, und mir ein ganz krasses Ding ergeben. Ab der dritten, vierten Sitzung ging es zu 50 Prozent immer auch darum, dass sie erzählte, wie sich ihr Leben gerade entwickelte. Dass sie einen neuen Partner hatte, sich von ihm aber nicht einsperren lassen wollte und solche Sachen. Nach 25 oder 30 Jahren Kopfverdreherei hatte sie eine völlig neue Freiheit gewonnen und war plötzlich wie ein Teenager. Sie wusste zwar nicht mehr richtig, was sie wollte, aber dafür wusste sie ganz genau, was sie nicht mehr wollte. Das brachte natürlich Probleme mit sich. Plötzlich war sie die Frau, die mit 45 noch trainiert ist, etwas aus ihrem Körper macht und Ansprüche an ihr Leben stellt. Aber damit komm mal Männern im Alter von 45 oder 50. Die sind meist total verbohrt und bekloppt. In dem Alter noch mal jemanden zu finden, ohne dabei einen Kompromiss zu machen, ist megaschwer. Über solche Dinge sind wir in einen Dialog getreten. Ich glaube, diese Frau hat irgendwann gar nicht mehr meine komische Platte mit dem Zopf und meine ganzen Tattoos gesehen. Die merkte einfach, dass sie mit mir reden konnte und ernst genommen wurde. Ich habe das gerne angenommen. Es zeigte mal wieder, wie viel Intimität über das Tätowieren hinaus entstehen kann. Es war ein doppelter Weg, den wir da zusammen gegangen sind. Später kam sie einfach, um kurz zu reden auf einen Kaffee vorbei, wenn sie in der Gegend zu tun hatte. So was macht mich manchmal sehr glücklich – zu merken, dass die Chemie stimmt. Und zu sehen, wie sich gerade ältere Frauen auch immer mehr selber gefallen. Wir haben bis heute ein gutes Verhältnis.

DIE KÄMPFERIN

Ich habe eine langjährige Kundin, vor der ich großen Respekt habe. Die sammelt auf ihrem Körper Kinderbilder: Flip, Biene Maja, Willi, die Ameisenarmee, Hello Kitty, an der Leiste hat sie einen Schlumpf … Auf ihrem Körper findest du ganz viel Kindheit, die im wahren Leben wahrscheinlich nie stattgefunden hat. Diese Frau ist mit Leib und Seele Putzfrau. Sieben Tage die Woche geht sie putzen. Sie ist sich für nichts zu fein, eine Kämpferin im ursprünglichen Sinne. Sie hat mir irgendwann ihre ganze Geschichte erzählt. Von ihrer beschissenen Kindheit, aus der sie sich rausgeflüchtet hat, um eine eigene Familie zu gründen, wie sie an einen Typen geraten ist, der sie auch scheiße behandelt hat, und wie sie ihre beiden Kinder bekommen hat, die sie abgöttisch liebt. Der Sohn ist mit 14 zum Transvestiten geworden, die Tochter ist mit 16 auf dem Strich gelandet. Beides muss nicht zwangsläufig schlimm sein, aber für diese Frau, die sich eigentlich nur ein bisschen Normalität für ihr Leben wünscht, ist es doppelt hart. Den Sohn, der mittlerweile die zweite Tochter ist, habe ich auch tätowiert. Das ist schon krass für einen Typen wie mich, wenn er sich beim Tätowieren anhört, dass der mit seiner Mutter die Klamotten tauscht. Da tauscht eine Mutter mit ihrem Sohn Kleider und hat 'nen Schlumpf auf dem Arsch. Krasse Geschichte. Ein Junge, der mit 14 Jahren merkt, dass er eine Transe ist, und sich dementsprechend kleidet, bekommt einen Spott zu spüren, wie ihn nur Kinder in dieser brutalen Art und Weise austeilen können. Die Mutter musste ihr Kind täglich auffangen, weil es überall drangsaliert wurde. Selbst jetzt, wo es erwachsen ist, muss sie immer wieder Geborgenheit und Sicherheit spenden, da es ständig die Ablehnung der Gesellschaft zu spüren bekommt. Und diese zweite Tochter ist noch nicht reif und erwachsen genug, dass sie das selbst abfangen kann. Dafür ist Mama da. Und die macht das mit einer Stärke und Hingabe, die ich bewundere.

Dasselbe mit der ersten Tochter. Die wurde von irgendeinem Luden auf den Straßenstrich an der Oranienburger Straße gestellt. Diese Luden von heute machen einen guten Job. Es geht beim Anschaffen nicht mehr zwangsläufig um Gewalt und Druck, sondern darum, dass der Lude den Mädchen suggeriert, dass sie es bei ihm besser haben als zu Hause. Die verlieben sich in ihn, werden von der Familie entfernt, bekommen ihresgleichen an die Seite gestellt und landen in einer schönen bunten Welt, die vordergründig zehnmal mehr zu bieten hat als die Welt, in der sie vorher gelebt haben. Sprich: schöne Reisen, dickes Auto und das Bewusstsein »Ich bin hier die Prinzessin von Macho Nummer 10«. Die Mädchen merken meist gar nicht, wie sie aus ihrer Realität rausgelöst werden und dass die neue Welt, die man ihnen vorsetzt, nur eine Scheinwelt ist.

Die Mutter stand also irgendwann machtlos vor ihrer eigenen Tochter und versuchte, sie zu überzeugen, ihre Selbstachtung nicht für irgendeinen Spinner aufzugeben. Diese Frau sagt, man muss nichts haben im Leben. Sie selbst hat das ganze Leben geputzt und war immer beschissen dran. Sie weiß und sieht das mit einer Klarheit, die fast schockierend ist. Aber Prostitution bedeutet für sie, dass ein Mädchen das Letzte hergibt, das man ihr im Leben nehmen kann, nämlich ihre Würde. Davon versucht sie händeringend ihre Tochter abzuhalten. Während sie gleichzeitig ihre zweite Tochter auffangen muss, die im falschen Körper geboren wurde und bis heute Hilfe braucht. Für alle und für jeden muss sie sich einsetzen, und sie geht trotzdem lachend durch die Welt, versprüht positive Energie und macht mit vollem Einsatz für die Leute sauber. Und als Ausgleich gönnt sie sich ihre Kindertattoos. Anfangs hab ich gedacht: Was kommt denn da für 'ne Verrückte? Heute freue ich mich jedes Mal auf ihre neuen Ideen. Sie liebt diese Bilder. Ihr ist auch egal, was die Leute darüber sagen. So, wie auch ihrer transsexuellen Tochter wahrscheinlich irgendwann egal ist, was die Leute über sie quatschen. Wenn so eine Transe ihre Entwicklung durchlaufen hat, ist sie ja was Besonderes. Wie ein ausgewachsener Schwan, der sich lächelnd über die öde graue Welt hinwegschwingt und zu den Leuten sagt: Wer ist denn hier abnormal? Ich, der das lebt, was er fühlt? Oder ihr, die ihr euch in Zwänge drücken lasst? Da muss man als Transe aber erst mal ankommen, um das mit dem nötigen Selbstbewusstsein auszudrücken. Ich glaube, dass die Kämpferin ihrem Kind dieses Selbstbewusstsein vermitteln kann. Auch über ihre Tattoos.

DEUTSCHLAND SUCHT DEN TATTOOSTAR

»Dass ich mittlerweile zu den C-, D- oder Z-Promis dieses Landes gehöre, finde ich selbst ziemlich unglaublich.«

Ich gucke nicht viel Fernsehen. Und wenn mir vor zehn Jahren jemand erzählt hätte, dass ich mit »Berlin sticht zu« irgendwann meine eigene Dokusoap haben oder Beiträge im Frühstücksfernsehen moderieren würde, hätte ich ihm 'nen Vogel gezeigt. Wie kommt ein Typ wie ich dazu, so viel mediale Aufmerksamkeit zu bekommen? Ich weiß, dass viele meiner Kritiker aus der Tattooszene mit geballten Fäusten dasitzen und sich diese Frage stellen. Wahrscheinlich stellt sie sich auch Oma Hilde, die den Tattoohype noch nicht richtig begriffen hat. Allerdings sitzt die wohl nicht mit geballten Fäusten da, sondern eher mit 'nem Fragezeichen überm Kopf.

Das Einzige, was ich dazu sagen kann: Das Fernsehen hat einen großen Beitrag dazu geleistet, das Thema Tattoo in der Gesellschaft salonfähig zu machen. Dass ausgerechnet ich dabei als Sprachrohr diene und mittlerweile zu den C-, D- oder Z-Promis dieses Landes gehöre, finde ich selbst ziemlich unglaublich. Schließlich komme ich aus einer Branche, die keine Promis hervorbringt. Dachte ich zumindest bis vor sechs Jahren. Da fing die ganze Fernsehkiste an. In Amerika. Mit der Tätowiererdokusoap »Miami Ink«, die später als Vorbild für »Berlin sticht zu« diente. Da wurden Tätowierer auf einmal zu Rockstars hochstilisiert. Leute wie Ami James oder Kat Von D. sind weit über die Tattooszene hinaus zu weltweiten Idolen geworden. Eine faszinierende Bewegung. Auch wenn ich nicht viel fernsehe, »Miami Ink« habe ich immer geguckt. Da siehst du den Ikonen zu, du weißt um die Qualität ihrer Arbeit und vergleichst dich natürlich auch mit diesen coolen Säuen.

Seit meiner ersten Amerikareise kurz nach der Wende verbringe ich meine Urlaube immer mal wieder in Miami. Als ich vor sechs Jahren dort war, bin ich sofort hingegangen zu dem Shop, wo »Miami Ink« gedreht wurde. Das war ein Schlüsselerlebnis für mich. Der Bürgersteig vor dem Laden war komplett gesperrt, Security-Leute drängten Teenagermädels zurück, die Fotos von ihren Stars machen wollten, und es fuhr ein Bus nach dem anderen vor – der »Ink«-Laden war bereits fester Anlaufpunkt der Miami-Citybustour. Als ich all das sah, wurde mir schlagartig klar: Das Fernsehen würde die schöne kleine Tattoowelt, wie ich sie kannte und liebte, aus den Angeln heben. Die Tage der Tante-Emma-Tattooläden, der düsteren Altrockerhöhlen und des Schmuddelcharmes waren gezählt. Das war die pure Hysterie vor dieser Hütte … Die Mädels kreischten da rum, die wollten zu ihren Stars. Die hätten auch ohne zu zögern ihre Kleidchen runtergerissen, um sich von Ami James 'nen Tweety oder sonst irgendeinen Scheiß auf die Arschbacke tätowieren zu lassen. Ganz krass. Ich bin dann selber näher ran. Eigentlich ließen die Security-Typen mit ihren Funkgeräten ja keinen durch, aber als die gesehen haben, dass ich stark tätowiert bin, haben sie mich gefragt, ob sie meine Tattoos abfilmen dürfen und ob ich einmal mit freiem Oberkörper durchs Bild laufen könnte. Ich bin ja nicht bekloppt und sage zu so einem Angebot Nein. Bamm, war ich an der Absperrung vorbei, hatte kurz darauf meinen ersten Smalltalk mit Ami James und meinen ersten Fernsehauftritt. Keine Ahnung, ob das je gesendet wurde, aber abgefilmt haben sie mich. Tolles Urlaubserlebnis. Ich habe Ami James später noch besser kennengelernt, aber dazu komme ich nachher.

Als der Urlaub zu Ende war, bin ich zurück nach Deutschland. Mir ließ dieses Erlebnis aber keine Ruhe. Einerseits war Amerika nach ein paar Wochen wieder in weite Ferne gerückt, andererseits dachte ich darüber nach, ob so ein Hype auch in Deutschland möglich wäre. Ich hab sogar drüber nachgedacht, mir selber eine Kameraausrüstung zu kaufen und meine eigene Tattoosoap übers Internet zu verbreiten, aber das wäre kostenmäßig gar nicht zu stemmen gewesen. Ich hab's verworfen. Nur um kurz darauf regelrecht auf das Thema zurückgeschleudert zu werden.

Es dauerte nur ein paar Wochen, da dackelte eine Frau von einer Fernsehproduktionsfirma in meinen Laden und fragte, ob wir Lust hätten, bei einer Dokusoap über Tattoos mitzumachen. Ich dachte, ich hör nicht richtig. Dann erzählte sie alles Mögliche über eine neue Soap und dass sie in verschiedenen Tattoostudios castet und dass sie sich vorstellen könnte, das mit uns zu machen, und so weiter. Ich hab sie irgendwann unterbrochen und gesagt: »Klar, machen wir sofort.« Prompt hielt sie mir einen »Exklusivvertrag« unter die Nase. Ich dachte schon, heute meinen es die Götter besonders gut mit mir, dann las ich mir das Ding durch. Und auf einmal klang es alles gar nicht mehr so toll. Alle »Exklusiv«-Rechte lagen bei der Produktionsfirma, mit meiner Unterschrift sollte ich versichern, dass wir ausschließlich mit denen zusammenarbeiten, alle möglichen Verpflichtungen unsererseits wurden aufgelistet, von Rechten war keine Rede, und von einem beauftragenden Sender stand auch nichts drin. Ich spürte irgendwie, dass da was faul war, andererseits wollte ich diese Chance auch nicht ungenutzt verstreichen lassen. Ich hab in diesem Moment wirklich innere Kämpfe mit mir ausgefochten.

Die Alte bemerkte mein Zögern offenbar. Die stutzte kurz … und bot mir dann auf einmal ein paar hundert Euro für meine Unterschrift. Damit war der innere Kampf vorbei. In meiner Türsteherphase hab ich selber mit allen möglichen zwielichtigen Geschäftsmethoden zu tun gehabt, aber dass eine seriöse Fernsehfirma mir Geld für eine Unterschrift bietet, kam sogar mir extrem halbseiden vor. Die Frau dampfte unverrichteter Dinge ab, und ich war erst mal nicht sicher, ob ich nicht vielleicht doch einen Fehler gemacht hatte.

Was danach kam, war der blanke Wahnsinn. Innerhalb von einer Woche trudelten noch fünf weitere solcher Produktionsfirmen in unseren Laden. Alle wollten sie dasselbe, alle hatten sie die gleichen Knebelverträge, nur die Summen, die sie für eine Unterschrift boten, waren unterschiedlich. Könnt ihr euch vorstellen, wie scheiße es sich anfühlt, sich der Erfüllung eines Traums erst ganz nah zu fühlen, um dann doch nur in die Abgründe einer verlogenen deutschen Medienwelt zu blicken? Ich sag's euch. Richtig scheiße.

Ich hab später von befreundeten Tätowierern erfahren, dass bei ihnen genau das Gleiche abging. Es muss in dieser Zeit eine regelrechte Castingjagd auf Tätowierer stattgefunden haben. Ich habe im Nachhinein erfahren, dass in 300 Läden deutschlandweit angefragt wurde, allein in Berlin in 50, von wie vielen Firmen, weiß ich nicht.

Um es kurz zu machen: Wir haben letztendlich doch noch unterschrieben. Bei Spiegel TV. Ich hatte bei denen ein gutes Bauchgefühl. Meinem Bauchgefühl vertraue ich auch bei Bewerbungen oder Kunden, und es trügt mich fast nie. So auch diesmal. Wir bekamen den Zuschlag. Alle bei Classic Tattoo freuten sich natürlich riesig. Ich auch. »Mensch, du kommst ins Fernsehen«, hab ich gedacht und mich an das Erlebnis in Miami erinnert. Ich hatte keine Ahnung, dass ich nicht ansatzweise wusste, worauf ich mich mit dieser Geschichte eingelassen hatte – und dass das Fernsehen meine schöne kleine Tattoowelt in den folgenden Monaten tatsächlich aus den Angeln heben würde.

BERLIN STICHT ZU

»Die ganze Classic-Tattoo-Crew
stand in einer Reihe. Wir haben uns
alle angefasst. Und dann lief auf einmal
der Vorspann zu unserer Sendung.
Da haben wir nur noch geschrien.«

Das Abenteuer Fernsehen fing erst mal damit an, dass wir für mehrere tausend Euro den Laden umbauen mussten, damit das Ganze überhaupt stattfinden konnte. Danach machten sich bei mir plötzlich doch ein paar Selbstzweifel breit. Reichten unsere Leute überhaupt? Waren wir wirklich cool genug für diese Nummer? Aber da rückten die TV-Leute auch schon an, mit ihren Stativen und ihren Kameras und ihren Scheinwerfern. An manchen Drehtagen mussten wir den Laden komplett dichtmachen, weil die ganze Hütte mit Scheinwerfern zugehängt war. Da brannten in jedem Raum zweimal 400 Watt, und es wurde teilweise im Wechsel in allen Räumen gedreht. Da war es nicht mehr möglich, gleichzeitig normale Kunden abzuarbeiten. Wo du sonst am Tag drei Leute tätowiert hast, hast du jetzt vielleicht einen geschafft. Und den auch nur halb, weil du dich dem Drehplan anpassen musstest. Wir haben die Umsätze in der Zeit richtig runtergefahren. Natürlich haben die vom Fernsehen auch Geld gezahlt, das kam aber nur etappenweise. Was ich damit sagen will: Man muss sich so eine Fernsehgeschichte auch leisten können. Erstens hast du Umsatzeinbußen. Und zweitens: Lass mal sechs Monate lang vier Tage die Woche 16 Stunden in allen Räumen 400 Watt laufen. Das rächt sich. Am Jahresende hatten wir 3500 Euro Stromnachzahlung. Wenn die Stromfirma nicht gewusst hätte, dass hier das Fernsehen war, hätten sie uns wahrscheinlich den Keller durchsucht und geguckt, ob wir Hanf anpflanzen.

Aber egal: Wir wollten dieses Ding, das war unsere Chance, und wir haben uns richtig reingehängt. Sechs Monate hat's gedauert. Unter der Woche produzierten und produzierten wir, an den Wochenenden habe ich meine liegengebliebenen Tattootermine abgearbeitet. Manchmal hab ich 30 Tage durchgeackert, ohne zwischendurch einen freien Sonntag zu haben. Privatleben gab es in dieser Zeit nicht. Es gab nur noch meine Tattoofamilie, den Laden und die Fernsehleute.

Die Jungs, die da hinter den Kameras standen, waren allerdings auch nicht zu beneiden. Die mussten teilweise abends um 21 Uhr ihre Frauen anrufen und denen erklären, dass sie noch mal drei, vier Stunden später kommen, weil sie mit uns Laien vieles doppelt drehen mussten.

Wir von Classic Tattoo waren natürlich irgendwann gereizt und fertig mit den Nerven. Drehs mussten abgebrochen werden, es gab Zoff. Wir sind halt keine professionellen Schauspieler. Das war Reality-TV, Dokusoap. Da war nichts gespielt. Nach der Ausstrahlung sind immer wieder Neukunden gekommen, die verwundert gesagt haben: »Das ist ja krass. Ihr seid ja wirklich so wie im Fernsehen.« Wie sollen wir denn sonst sein? Ich habe diese Aussage am Anfang überhaupt nicht verstanden. Mittlerweile verstehe ich sie, weil ich erfahren habe, dass es in anderen Dokusoaps normal ist, dass geschauspielert wird. Bei einigen amerikanischen »Ink«-Staffeln wurde sogar mit Drehbuch gearbeitet. So was hatten wir nicht. Wir haben zwar gelernt, mit der Kamera zu spielen. Wir haben auch gelernt, unsere Aussagen in ganzen Sätzen zu machen und uns richtig zum Licht zu stellen. Aber wir haben uns nicht vorschreiben lassen, wie wir uns zu verhalten haben. Und zum Glück hatten wir es mit einem sensiblen Filmteam zu tun. Ich bin denen bis heute dankbar, dass sie Kompromisse gemacht und Respekt bewiesen haben. Wenn Tränen oder Schmerz ins Spiel kamen, oder wenn ich das Gefühl hatte, dass meine Kollegen und Kunden nur benutzt wurden, um spektakuläre Bilder zu liefern, hab ich den Dreh sofort abgebrochen. Dann stand ich teilweise vor fassungslosen Redakteuren, denen so was noch nie untergekommen war. Ein Tonmann hat mir nach einem meiner Ausraster sogar mal 'ne Flasche Jägermeister geschenkt und meinte: »Alter, geil. So was hab ich in meinen zwanzig Jahren beim Fernsehen noch nicht erlebt.« Bei den meisten Dokusoaps läuft's anscheinend anders, dafür war's bei uns authentisch.

Nach sechs Monaten war das Ding abproduziert, und die Redakteure und Kameraleute zogen wieder ab. Alles wurde wieder ruhiger, dafür rückte langsam, aber sicher der Ausstrahlungstermin näher. Dann kam ein Typ von einem Tattoomagazin vorbei, um ein Interview wegen der Fernsehgeschichte zu machen. Da kamen dann so Sätze wie: »Ihr kommt jetzt also ins Fernsehen, dabei seid ihr doch gar nicht die besten Tätowierer der Stadt, es gibt doch bessere.« Da habe ich nur gesagt: »Weißte was? Wir sind es einfach. Und wenn du uns hier dissen willst, dann können wir das Interview auch gleich bleibenlassen.« Ich hatte mittlerweile schon genug Scheiße von allen möglichen neidischen Spinnern aus der Tattooszene gehört. An der einen Ecke wurde gemunkelt, dass wir den Zuschlag nur bekommen haben, weil der und der Supertätowierer (der es natürlich viel mehr verdient hatte) die TV-Leute zu uns geschickt hat. An der anderen Ecke behaupteten die Leute, ich hätte meine Tätowiererehre verraten. Alles Quatsch! Ich habe einfach neue Wege beschritten. Das war immer mein Motor, und er wird es auch bleiben. Neue Wege beschreiten. Ich weiß, dass das richtig ist.

Irgendwann liefen die ersten Trailer im Fernsehen. Plötzlich siehst du dich das erste Mal auf der Mattscheibe. Ich kann sagen, da gab's 'ne heftige Bewegung in meinem Bauch. Mir wurde schlagartig bewusst: In den nächsten drei Monaten läuft jeden Donnerstag zur Primetime um 20:15 Uhr meine Serie. Die letzten zwei Tage vor der Premiere konnte hier im Laden keiner mehr richtig arbeiten, so hibbelig waren alle. Alex und ich mussten jeden Tag zwei, drei Schnäpse trinken, um runterzukommen. Diese Spannung schweißte unsere Mannschaft noch fester zusammen. Das Ding war ja: Wir wussten überhaupt nicht, was die Fernsehleute aus uns gemacht hatten. Keiner von uns hatte auch nur eine einzige Minute von dem gefilmten Material zu sehen bekommen. Ich war zwar in den Redaktionssitzungen dabei gewesen und konnte mitentscheiden, aber ich durfte nie was sehen. Es hätte auch sein können, dass sie uns zur Komiktruppe verarbeitet hatten.

Zwei Tage vor der Ausstrahlung kam Daniel, der Chefredakteur der Sendung, bei uns im Laden vorbei. Der nahm uns zur Seite und sagte: »Passt mal auf, Leute, ihr werdet übermorgen etwas erleben, das ihr in eurem Leben nie wieder erleben werdet. Ihr bekommt eure eigene Fernsehpremiere. So einen Augenblick gibt's im Leben nur einmal, und ich würde euch raten: Genießt ihn.« Er versicherte uns, dass die Redakteure das Beste gegeben und ein cooles Ding gebaut hatten. Danach waren wir einerseits beruhigt und andererseits noch aufgeregter. Eigentlich hat auch keiner so richtig verstanden, was er eigentlich gemeint hatte mit diesem einmaligen Augenblick. Jetzt zählte erst mal nur die Premiere. Wir haben eine Party organisiert. Ich bin Zigarren kaufen gegangen und Champagner. Ich bin ja überhaupt kein Champagnersäufer und hatte auch keine Ahnung davon, aber der Verkäufer im Laden schleppte artig ein Fläschchen an. Ich sagte: »Nee, nicht so 'ne kleine. So ein großes Ding, wie bei Formel Eins.« Der stutzte und meinte: »Die kostet aber 480 Euro.« Scheiß drauf. Ich habe dem diese Magnumpulle abgenommen und mich auf den Abend meines Lebens vorbereitet.

Wir haben in einer Rock-'n'-Roll-Kneipe um die Ecke vom Laden gefeiert. 300 Gäste sollten kommen. Wir hatten eine Riesenleinwand und eine Band, alle waren aufgekratzt wie die Sau, und statt der 300 Leute drängten auf einmal 800 Leute in den Laden. Die ganze Classic-Tattoo-Crew stand in einer Reihe. Wir haben uns alle angefasst. Und dann lief plötzlich der Vorspann von »Berlin sticht zu«. Da haben wir nur noch geschrien. Wir standen da und haben geschrien. Es gibt Fotos von diesem Abend, auf denen sieht man dieses Lachen und die Freude in unseren Gesichtern. Es ging so ab an diesem Abend, ich hab von der ersten Folge im Prinzip nichts mitbekommen. Ging auch gar nicht. Jeder hatte seine Kunden und seine Fans dabei, die jedes Mal anfingen zu schreien, wenn ihr Tätowierer auf der Bildfläche erschien. Wenn ich was gesagt habe, brüllten meine Leute, wenn Alex was gesagt

hat, brüllten seine und so weiter. Es war ein einziges Ge-
schreie und Getobe. Wir haben diese Champagnerpulle
gesoffen und uns das Zeug über den Kopf gekippt. Ich
glaube, ich habe noch nie so viel Emotionen in einem Moment rausgeballert wie an diesem Abend. Wenn ich damals schon mein Sammelbein gehabt hätte, wäre da heute
wahrscheinlich ein Fernseher drauf. Aber diesen Abend
werde ich auch ohne Souvenirtattoo nie vergessen. Wir
haben bis zum nächsten Morgen durchgefeiert.

Es war ein Donnerstag, und wir hatten vorher beschlos-
sen, den Laden das ganze Wochenende zuzulassen und
erst danach zu gucken, was abgeht. Denn auch darauf hatte Daniel, der Chefredakteur, uns vorbereitet: »Ihr werdet
Frauen haben, die euch heiraten wollen, die euch Nackt-
fotos schicken. Ihr werdet aber auch E-Mails bekommen
von Leuten, die euch hassen und die euch umbringen
wollen.« Ganz so krass kam es dann nicht. Rückblickend
würde ich sagen, dass auf hundert positive E-Mails eine
schlechte kam. Das kann man ertragen, und darauf bin ich
bis heute stolz.

Aber nacheinander: Ich hab ja schon erzählt, dass ich nur
ein paar Straßen von meinem Laden entfernt wohne. Also
bin ich am Morgen nach der Fernsehpremiere doch mal
kurz im Shop vorbeigegangen, um irgendwas zu holen.
Leute, das könnt ihr euch nicht vorstellen. Ich kam dahin,
und vor der Tür standen ungefähr 100 Leute und wollten
in diesen Laden rein. Ich hab mich fast ein bisschen an
Miami erinnert gefühlt. Aber ich wollte ja selbst rein in
den Laden. Also hab ich mich durchgekämpft. Und dann
ging das los mit Klatschen und Rufen. Ich bin echt rot
geworden und hab die Hütte aufgeschlossen. Bescheuert
eigentlich. Die Leute strömten in diesen Laden, stellten
sich an den Tresen, und dann ging's los: »Ich will Tattoo-

termine.« Und ich Idiot sage wie immer: »Ja, was willst du denn machen?« Ich hab allen Ernstes versucht, noch eine Beratung durchzuführen. Den Leuten ging das völlig am Arsch vorbei. Die wollten Termine. Motive, Konzept, Motivation ... drauf geschissen. Die haben gemerkt, da explodiert was, und jetzt wollten sie Teil dieser Bewegung sein. Ich hab irgendwann Alex angerufen und gesagt: »Alex, du musst rüberkommen. Die Leute stehen hier und wollen Termine. Wir können uns fettschreiben. Komm mal vorbei.« Alex war natürlich noch blau und hatte 'nen Schädel. Da ging nichts. Also hab ich Jessie angerufen. Die meinte: »Ja, ich komm gleich rüber, aber hast du mal in unsere Mailbox geguckt?« Wir hatten allein während der Ausstrahlung, die, glaube ich, 54 Minuten gedauert hat, 700 E-Mails bekommen. Ich hab diese Mailbox geöffnet, und das ballerte nur so runter. Lies mal 700 E-Mails, während dir die Leute den Laden einrennen. Wir mussten anschließend jemanden einstellen, der nur dafür da war, täglich die E-Mails zu beantworten.

In den folgenden Wochen hab ich mir viele Gedanken darüber gemacht, warum Tattoo im Fernsehen so zieht. Inzwischen erkläre ich mir das so: Der Voyeurismus des Publikums wird bei dem Thema gleich dreifach befriedigt. Und ich spreche jetzt gar nicht von den paar Millionen Deutschen, die selbst tätowiert sind. Die bleiben sowieso auf so 'ner Sendung kleben. Aber die Außenstehenden kriegen da nackte Haut zu sehen, sie sehen, wie Leute freiwillig Schmerz in Kauf nehmen, und sie hören die Geschichten hinter den Tattoos. Das ist eine geile Kombination. Nackte Körper lösen immer Interesse aus. Egal, ob da Typen des eigenen Geschlechts sitzen, mit denen man sich vergleicht, oder ob es das andere Geschlecht ist, von dem sich die Leute angeilen lassen. Nackte Haut zieht immer. Auch Schmerz befriedigt seit Urzeiten niedere Instinkte. Wenn andere Menschen leiden, können die wenigsten weggucken. Wenn sie es auch noch freiwillig tun und dafür sogar noch Geld bezahlen, braucht man dabei nicht mal ein schlechtes Gewissen zu haben. Und dann eben die Geschichten, warum sich die Leute das Tattoo machen lassen. Die sind manchmal lustig, manchmal tragisch, manchmal spektakulär und oft einfach nur dumm. Aber sie geben in jedem Fall das wahre Leben wieder. Reality-TV ist das Leben. Und da uns unser eigenes Leben oft nicht so besonders spannend vorkommt, ist das wie ein Erlebnisersatz. Dann sitzen da noch ein paar Typen daneben, die zutätowiert sind und ab und zu coole Sprüche machen … perfekt. In einem dieser Punkte findet sich jeder irgendwo wieder. Und er erlebt dabei etwas, das er in seinem eigenen Leben vielleicht nie selber erleben wird.

Tätowieren im Fernsehen zu gucken, heißt dabei sein. Egal, ob man dabei den Anspruch hat, das Megaphänomen Tattoo verstehen zu wollen, oder einfach nur kopfschüttelnd davorsitzt. Du erlebst mit, wie es ist, in einen Tattooladen reinzugehen. Du erlebst mit, wie es ist, wenn die Maschine anfängt zu brummen, und du erlebst den magischen Moment mit, wenn die Nadel die Haut berührt. Am Ende bist du dabei, wenn jemand nach drei oder vier Stunden, das Hirn vollgestopft mit Endorphinen, sein fertiges Tattoo im Spiegel betrachtet. Da kriegst du eine Idee von dem, was bei so einer Sitzung abgeht, ohne sie selbst durchleiden zu müssen.

Ich glaube allerdings nicht, dass man über den Bildschirm umfassend aufklären kann. Beim Fernsehen futtern die Leute ihr Eisbein, lesen Zeitung oder streiten sich mit dem Partner. Oder sie sind sowieso nur beim

Durchzappen bei so 'ner Soap gelandet. Aber wenn nur ein paar davon danach weniger Angst haben, in einen Tattooladen zu gehen, oder das Thema Tattoo besser verstanden haben, hat es schon was gebracht. Deswegen stehe ich dazu.

Ein ungeplanter Nebeneffekt war übrigens, dass ich auf einmal mein Image weghatte. Ich war als Blumen- und Elfenkönig verschrien, weil ich in dieser Dokusoap ganz viele Blumen und Elfen tätowiert hatte. Ich hatte zwischendurch sogar den Spitznamen »Der blutige Gärtner«. Die Mädels kamen sogar aus der Schweiz und aus Österreich, weil sie diese Blumen haben wollten. Das klebt dann an dir. Wenn dann mal wieder ein Mädel ankommt und die berühmte Blüte tätowiert kriegen will, versuchst du irgendwann, ein bisschen zu variieren. Aber keine Chance. Die Leute wollen genau das Ding, das sie im Fernsehen gesehen haben. Ich kann die Teile mittlerweile tätowieren, ohne hinzugucken. Vielleicht sollte ich mich bei »Wetten, dass …?« anmelden und zehn Bikinischönheiten mit verbundenen Augen eine Blüte auf den Arsch tätowieren. Oder ich knalle mir das Ding statt des Fernsehers aufs Sammelbein. Mal gucken.

Fest steht: Diese erste »Berlin sticht zu«-Folge war ein krasses Erlebnis. Seitdem ist wirklich viel passiert, aber die Gefühlsexplosion bei der Premiere ist unschlagbar. Ich hab deshalb im Nachhinein doch noch verstanden, was der Chefredakteur gemeint hatte, als er sagte, dass etwas passieren würde, das wir im Leben nie wieder erleben. Es ist halt überall gleich: beim Vögeln, beim Tätowieren, bei dieser Geschichte. Das erste Mal haut dich immer am meisten um.

MEINE PROMIS

»Die meisten Promis zeigen ihre Tattoos nicht. Das ist wie in Disney World. Da dürfen die Figuren auch nicht sprechen, weil die Kinder einen Schreck bekämen, wenn Micky Maus mit einer fiesen Brummstimme losquatschen würde.«

Ich glaube, dass einige Groupies ein Schweinegeld für die ganzen Nummern bezahlen würden, die ich in meinem privaten Telefonbuch stehen hab. Ich hab über die Jahre ja ein paar Promis kennengelernt. Die, die in Ordnung sind, sogar ein bisschen besser. Das kam auch wegen der Fernsehgeschichte, allerdings nicht nur. Es ist ja nicht so, dass die Promis irgendwann in deinen Laden marschieren, nur weil du im Fernsehen bist. Eher würde ich sagen, dass das Fernsehen kam, weil vorher schon Promis da waren. Wir sind für »Berlin sticht zu« nicht ausgewählt worden, weil wir der beste Tattooladen in Deutschland sind, sondern weil wir in ein bestimmtes Konzept gepasst haben. Wir haben mehr angeboten, als dass wir unsere Tattoos ordentlich machen. Es gab den Witz, den Humor, es gab den Laden in der Mitte von Berlin, es gab Vorgeschichten.

Der Sänger Max Mutzke war zum Beispiel ein paarmal bei uns drin, weil er kurzfristig was machen wollte. Tja, mein Shopmanager hört Hardcoremucke und kannte den natür-

lich nicht. Da war nichts mit kurzfristig. Der wurde drei-, viermal hin- und hergeschoben, und nie hat's geklappt, weil Mutzke natürlich mit seiner eigenen Karriere zu tun hatte. Ähnlich war's mit Matteo von Culcha Candela. Der kam rein und wollte einen Termin, weil ich ihm von einem Kumpel empfohlen worden war. Das erste Mal war ich nicht da, beim zweiten Mal hatte ich keine Zeit. Beim dritten Mal kam mein Shopmanager zu mir hoch und meinte: »Du, der Typ mit dem Pennermantel ist schon wieder da.« Ich sag: »Was für 'n Typ mit 'nem Pennermantel?« – »So ein Typ halt. Der will zu dir.«
Dann brachte der den hoch zu mir, und ich meinte nur: »Mensch, das ist doch Matteo von Culcha Candela.« Inzwischen sind wir gut befreundet.

Es stand auch mal in der Zeitung, Sido hätte sich bei uns tätowieren lassen. Völliger Blödsinn. Der Typ war nie hier. Der betreibt mittlerweile seinen eigenen Tattooladen und hat's gar nicht mehr nötig.

Seit der Fernsehgeschichte kamen Christian Durstewitz, Kandidatinnen von »Germany's next Topmodel«, Sarah Connor, Detlef D! Soost, die Beatsteaks, Fernanda Brandao oder Jörn Schlönvoigt von »Gute Zeiten, schlechte Zeiten«.

Ich finde das mit den Promis ganz interessant, weil von denen oft gar keiner weiß, dass sie tätowiert sind. Okay, Angelina Jolie geht damit hausieren und einige Rockstars auch, aber die meisten normaleren Medienleute behalten es für sich.

Ich mache mittlerweile Frühstücksfernsehen. Da gibt es vier Leute, die moderieren, und alle vier sind toll. Ich weiß, dass eine dieser vier Personen tätowiert ist. Sogar mit einem richtig großen Tattoo. Ich werde jetzt allerdings nicht sagen, wer es ist. Ich weiß, dass Frühstücksfernsehen immer noch ein Publikum anspricht, das Tattoos gro-

ßenteils scheiße findet. Oma Hilde reicht es wahrscheinlich schon, wenn sie mich schrägen Vogel einmal die Woche in ihrer Sendung ertragen muss. Wenn dann noch
ihre Lieblingsmoderatorin oder ihr Lieblingsmoderator
im Fernsehen die Hosen runterlässt und ein Riesentattoo
auf der Arschbacke hat, hätte das wahrscheinlich ein
Massen-Trauma zur Folge. Das ist wie in Disney World.
Da dürfen die Figuren auch nicht sprechen, weil die Kinder einen Schreck bekämen, wenn Micky Maus mit einer
fiesen Brummstimme losquatschen würde. Ist Micky
Maus eigentlich tätowiert? Egal. Was ich damit sagen will:
So wenig, wie viele Promis einen Affen aus ihren Tattoos
machen, wenn sie in die Öffentlichkeit gehen, genauso
wenig machen sie einen Affen aus ihrer Prominenz, wenn
sie bei uns in den Laden kommen. Die wollen dann halt
ein Tattoo und nehmen sich selbst gar nicht so wichtig.
Wie zum Beispiel Mieze von MIA. Die war der erste Pro-
mi, den wir hier hatten. Allerdings war sie da noch keiner.

MIEZE

Die Sängerin der Band MIA. ist ein Kiezkind hier aus der
Ecke. Die lungerte eine Zeitlang bei uns auf der Treppe
rum, und ich hab sie immer verkackert, weil ich fand, dass
sie so beschissen angezogen war. Die hatte ihre Trainingshosen in die Cowboystiefel gesteckt und trug dazu ein gel-
bes Basecap, als wäre sie direkt aus dem Humana-Karton
gehüpft. Sie hat's gelassen genommen, kam auch mal auf

ein Bier vorbei, und ich mochte die. Irgendwann hat sie sich einen Blitz am Handgelenk bei uns tätowieren lassen. Tja, und dann war sie ein paar Jahre weg und auf einmal hatte sie ihren ersten Hit am Start und wurde mit genau diesem Look, über den ich mich immer lustig gemacht hatte, zur Stilikone. Plötzlich hatte jede zweite Frau, die hier in den Laden kam, die Haare wie Mieze von MIA. Ich weiß, dass die mit der Band lange geackert hat für diesen Erfolg, und dass sie ihn anfangs selbst nicht fassen konnte. Das hat ja eingeschlagen wie 'ne Bombe damals.

Auf dem ersten MIA.-Album gibt es den Song »Kreisel«, in dem die Textzeile vorkommt »Ich bin ein Blitz, schlag alles kurz und klein«. Vielleicht bezieht sich das ja sogar auf den Blitz am Handgelenk. Ich bilde es mir einfach mal ein.

Irgendwann kam Mieze noch mal bei uns vorbei, zeigte mit dem Finger auf mich und meinte: »Siehste, jetzt machst du Arsch keine Witze mehr über meine Trainingshosen.« Da haben wir einen Jägermeister drauf gesoffen und gut war. Mit dem Ingo von ihrer Band geh ich heute noch ab und zu was trinken. Die sind normal geblieben. So was mag ich.

JÖRN SCHLÖNVOIGT

Der »Philip« aus »Gute Zeiten, schlechte Zeiten« ist mittlerweile ein Top-Freund von mir. Ich gucke kein GZSZ und kannte den nicht, als der vor ein paar Jahren mit einem Spezialwunsch zu uns kam. Er wollte ein Flugzeug auf den Fuß haben, das gerade aus einer Wolke fliegt. Soweit war's noch normal. Aber dann wollte der Typ, dass wir ihm drei Entwürfe malen, damit die Fans auf seiner Website darüber abstimmen können, welchen Entwurf er sich tätowieren lässt. Das fand ich schon mal ziemlich krank. Außerdem dachte ich natürlich: Na ja, so ein Bubi aus dem Fernsehen, der mal den Harten machen will, hoffentlich stößt der nicht an seine Grenzen.

Am Ende war dieser Jörn Schlönvoigt einer derjenigen, die mich am meisten überrascht haben. Der Typ, den alle erst mal als Schönling abstempeln, hat den Spieß total umgedreht. Nicht ich habe ihn an seine Grenzen getrieben, sondern er mich.

Aber eins nach dem anderen: Irgendwann hatten die Fans gevotet, und ich hab ihm dieses Flugzeug tätowiert. Dabei sprachen wir über das Motiv, und er erzählte, dass er Kunstfliegen macht und sein eigenes Flugzeug hat. Ein 23-jähriger Bengel hat sein eigenes Flugzeug? Ich hab erst nicht richtig geglaubt, dass der wirklich so ein Ding lenkt. Aber dann hat er mich eingeladen, mal mitzufliegen. Wieder ohne dran zu glauben, dass es echt dazu kommt, hab ich Ja gesagt und es dann immer vor mir hergeschoben. Aber der Schlöni ließ nicht locker. Der hatte da Bock drauf. Frei nach dem Motto: Jetzt zeigt der Zarte mal dem Harten, wo der Hammer hängt. Genauso war's dann auch. Irgendwann hat er mich auf einen Termin festgenagelt. Zum Kunstfliegen. Kunstfliegen, was sollte das überhaupt sein? Für mich bedeutete das Cessna-Fliegen oder Gleiten ohne Motor oder so was. Mit anderen Worten: Ich hatte nicht die geringste Ahnung, worauf ich mich da einlasse.

Am Abend vor unserer Verabredung kam eine SMS: »Ich hol dich morgen um sieben ab. Hab die Fallschirme schon im Auto.« Okay, Fallschirme, verstehe.

Später lieg ich im Bett, da kommt noch 'ne SMS: »Bitte

kein Obst mehr essen und keine Säfte mehr trinken wegen deiner Magensäure. Schlaf schön.«

Wollte der Vogel mir Angst machen oder mich verscheißern? Mir wurde immer unwohler bei der Sache.

Am nächsten Morgen schoben wir dieses Flugzeug aufs Rollfeld, und ich sagte nebenbei: »Du, ich hab aber keine Ahnung, wie so ein Fallschirm funktioniert.« Er: »Macht nichts, ich fang dich schon.« Ein 23-jähriger Bursche sagt zu einem Typen wie mir »Ich fang dich schon«. Sehr beruhigend.

Kurz darauf saßen wir in dieser kleinen Maschine. Der Typ hatte mich festgezurrt, dass ich mich kaum noch bewegen konnte, es war eng, der blies den Motor hoch wie nichts Gutes und sagte: »Sollte da oben irgendwas passieren, und ich sprenge hier oben die Kuppel ab, dann steigst du auf deiner Seite aus und lässt dich nach hinten fallen. Nicht nach vorne in den Propeller.«

Ich hab nur noch gesagt: »Jetzt flieg los, du Nase.« Ich hatte mittlerweile echt Bammel. Wupp! Ich hatte kaum ausgeredet, da schoss dieses Flugzeug nach oben wie 'ne Rakete. Dieser Start hatte es in sich. In der Luft nahm das Ding dann jedes noch so winzige Luftloch mit, und die ganze Zeit kamen über Funkverkehr irgendwelche »Delta-Quebec-Bravo«-Meldungen. Gerade als ich dachte, ich bin mittendrin in meinem Abenteuer, ruft der Schlöni: »Daniel, willst du weiter spazierenfliegen, oder machen wir jetzt ein bisschen Kunstfliegen?« Ich hab zurückgerufen: »Na, wenn wir schon mal hier sind …«

Da erbat sich dieser Typ über Funk die Freigabe zum Kunstfliegen, und im nächsten Moment schoss er in einer Zweifachschraube nach unten, machte einen Looping auf dem Kopf, flog im rechten Winkel senkrecht wieder hoch und ließ das Ding ausschleudern … Ey, ich bin nach hin-

ten geworfen worden, meine Backen flatterten, ich wusste nicht mehr, wo oben und unten ist. Und Schlöni hatte nichts anderes zu tun, als den Motor auszustellen, zu brüllen »Mach dir keinen Kopf, jetzt sind wir so schnell, dass das Benzin in den Leitungen nicht hinterherkommt« und noch 'ne Schraube zu drehen. So ging's dann noch eine Weile weiter. Dieser Flug war wie eine gefühlte Stunde Dauerloopings auf der höchsten Achterbahn der Welt drehen. Unglaublich krass. Irgendwann öffnete Schlöni hinter sich eine Klappe, holte einen Kotzbeutel raus und meinte: »Jetzt hast du 40 Sekunden, dann kotzt du los.«
Leute, ich habe nicht gekotzt! Die Blöße wollte ich mir nicht geben. Aber bevor ich mal wieder so heftig würge wie in diesem Moment, muss ich wahrscheinlich erst 'ne Flasche Jägermeister auf ex aussaufen. Wir haben dann noch eine zweite Runde versucht, aber irgendwann reichte es mir. Dann funkte der wieder an den Tower: »Passagier Sowieso verträgt den Flug nicht, Kunstfliegen wird abgebrochen.« Und was kam zurück? Eine Air-Berlin-Maschine, die von Mallorca wiederkam, antwortete: »Wir fliegen auch zurück. Unsere Loopings haben die Passagieren wider Erwarten auch nicht besonders vertragen.« Ich dachte nur: Schön, dass ihr alle euren Spaß habt. Mittlerweile will ich echt nicht mehr wissen, was in den Cockpits dieser Welt so alles abgeht. Ich bin seitdem noch ein paarmal mit Schlöni mitgeflogen und hab so einige Geschichten mitgekriegt. Ist schon krass, was da über unseren Köpfen passiert.
Schlecht wird mir beim Fliegen mittlerweile übrigens nicht mehr. Insofern würde ich jedem raten, der auf Grenzerfahrungen steht, mal Kunstfliegen mitzumachen. Und noch ein Tipp: Unterschätzt die Schönlinge aus GZSZ nicht!

SARAH CONNOR

Sarah Connor avanciert mittlerweile zur Stammkundin bei mir. Die kam ursprünglich tatsächlich für eine Fernsehproduktion her. In der zweiten Staffel von »Sarah & Marc in Love« sollte das Tätowieren Bestandteil der letzten Folge werden, und da in der Fernsehwelt mittlerweile bekannt war, dass ich vor der Kamera einigermaßen funktioniere, nicht rumstottere und 'ne gewisse Spontankomik habe, wollten sie das mit mir machen. Ich sollte ihr den Namen ihres zweiten Kindes tätowieren, eine ganz kleine Geschichte.

An dem Drehtag fuhr hier ein Bus mit getönten Scheiben vor. Ich dachte schon, mein Gott, jetzt rollt das Paris-Hilton-Theater an. Ich hab ja selber die Bilder im Kopf, die die Medien von den Promis zeichnen, also hab ich mich auf die größte Scheiße eingestellt, als Sarah mit ihrer Schwester in den Laden kam.

Und mal wieder wurde ich eines Besseren belehrt. Das lief top. Ich war beeindruckt, wie megaprofessionell und nett diese Frau ist. Und davon, dass sie überall tätowiert ist. Die hat nicht nur die Chinabuchstaben auf der Wirbelsäule, die jeder kennt (und die leider nicht von mir sind), sondern überall am Körper Tattoos. Die zieht ihre Tattooprojekte mit einer Hingabe durch, die ich bewundere.

Die Tattoosequenz, die wir damals für ihre Serie gedreht haben, wurde nie gesendet, weil sie dann doch nicht ins Konzept gepasst hat. Umso bemerkenswerter fand ich, dass Sarah sich irgendwann von alleine bei mir gemeldet hat, um andere Dinge zu tätowieren. Das war natürlich eine Ehre für mich. Mittlerweile hab ich ihr den Innenarm und die Füße bearbeitet, und wir planen schon neue Projekte. Das ist schon witzig, wenn eine Sarah Connor in meinen Laden kommt, sich mit ihrem Handy neben unsere normalen Tattoo- und Piercingkunden auf die Couch setzt und wartet, bis sie drankommt. Das ist eine Frau, die mit Tattoos Gefühle verarbeitet. Ich liebe es, wie konsequent die das macht. Ich mache ihr den Namen von Marc weg, und sie will sofort den Namen von Florian, ihrem Manager, haben, weil sie jetzt den liebt. Da ist die voll drauf. Und sie ist absolut schmerzfrei und Erotik pur. Sie ist nur professionell, wenn die Kamera mitläuft. Da geht es auch um Selbstschutz und um Image, weil sie natürlich viele Leute wegdissen wollen. Aber sobald die Kamera aus ist, haben wir wunderbare private Gespräche. Das ist schon ein Kompliment, wenn so eine Frau gewisse Dinge mit dir teilt. Vor zwölf Jahren wäre das für mich undenkbar gewesen. Als ich mit drei Wodka im Kopf zitternd vor meinem ersten Opfer gesessen habe, hätte mir mal jemand erzählen sollen, dass ich irgendwann mal jemanden wie Sarah Connor tätowiere. Ich hätte ihn ausgelacht. Jetzt sitze ich mit dieser heißen Frau hier und muss ihr zwischendurch sagen: »Du, Fräulein, kannst du vielleicht mal deine Jacke ein bisschen weiter zumachen, ich kann mich gar nicht mehr konzentrieren.« Dann lacht Sarah Connor mich aus. Auch nicht schlecht.

RUTH MOSCHNER

Die TV-Moderatorin Ruth Moschner ist schuld. Woran ist die denn nun schon wieder schuld, werden sich jetzt alle fragen. Sie ist an gar nichts schuld, aber mit ihr fing das an, das mit diesen merkwürdigen Kritzeleien auf meinem Sammelbein. Ruth Moschner hat mich auf die Idee gebracht, mir Autogramme von Promis aufs Sammelbein stechen zu lassen. Jetzt werden mich viele wieder mal für bekloppt halten, aber ich kann zu der Geschichte zumindest sagen, dass ich das für einen guten Zweck mache. Wir filmen die Promis dabei, wie sie mich tätowieren, dann geben die ein kurzes Statement ab, dass Tätowieren nicht asozial ist und ein anerkannter Berufsstand werden sollte, und diese Filme stellen wir ins Netz. Die Leute müssen einen kleinen Betrag bezahlen, um sie sich angucken zu können, und das Geld, das wir damit einnehmen, soll der Ausbildung von jungen Tätowierern zugutekommen. Sarah Connor und meine Frühstücksfernsehleute haben sich mittlerweile auch an der Aktion beteiligt, aber los ging's eben mit Ruth Moschner. Außerdem war's mit der extrasexy.

Ich habe sie hinter den Kulissen von »Verstehen Sie Spaß?« in Freiburg kennengelernt. Das war eine sehr aufregende Geschichte für mich. Ich fand schon krass, dass die mich überhaupt eingeladen haben. Die Sendung läuft in der ARD, eine öffentlich-rechtliche Anstalt, die so was von konservativ ist, dass es eigentlich gar nicht geht. Das habe ich bei der Aufzeichnung selbst mitgekriegt, aber dazu komme ich später.

In der Show hatten sie in einem ihrer Witzfilmchen eine Tattoostory eingebaut. Da gingen Leute in einen Tattooladen und wurden von 'nem Tätowierer verarscht. Zusätzlich sollte ich in der Sendung auftreten, nach dem Motto: Bis hierher war alles gestellt, aber jetzt haben wir Deutschlands bekanntesten Tätowierer hier und wollen mal wissen, wer aus dem Publikum sich heute mal live in der Show von dem tätowieren lassen möchte. Coole Idee, finde ich.

Ich tanzte da also an, hatte meine eigene Künstlerkabine, alles war cool, aber dann ist die Sendung kurzfristig ausgefallen. War also nichts mit meiner ersten Liveshow. Dafür habe ich backstage eben gleich mal fünf Bühnenarbeiter tätowiert. Die fanden das natürlich super, und als der Ersatztermin raus war, haben sie alle gefragt, ob ich bei der Wiederholung auch wieder eingeladen bin. War ich, also hab ich zu den Jungs gesagt: »Ja, ich bin wieder eingeladen, aber wenn ihr tätowiert werden wollt, dann will ich in meiner Kabine nächstes Mal ein Obstbouquet, schöne Blumen und ein rotes Sofa sehen, sonst geht gar nichts.« Ich hatte das als Scherz gemeint, aber als ich nach ein paar Wochen wieder da ankam, standen ein rotes Sofa und ein Obstkorb in meiner Garderobe. Da lässt ein kleiner Furz wie ich den Dicken raushängen, und das wirkt auch noch. Ich hätt mich totlachen können. In der Show traten auch Foreigner auf. Meine Kabine war ohne Scheiß genauso groß wie die von denen. Die Krause-Künstlerkabine. Hab gleich 'n Foto gemacht.

Aber dann wurde es ernst, und ich musste auf die Bühne. Als ich da rausmarschiert bin, ging erst mal ein Raunen durch die Menge. Da saßen 3500 Menschen, alles keine typischen Tattookunden, und ich dachte zunächst, die hätten lieber Steine nach mir geschmissen, als sich von mir tätowieren zu lassen. Aber nix da. Auf die Frage, wer sich live tätowieren lassen wolle, meldeten sich spontan

50 Leute. Eine Frau wurde rausgesucht, und dann ging das mit dem Tätowieren los. Leute, ich sage euch, live zu tätowieren ist doch noch mal was anderes, als eine Soap aufzuzeichnen, wo die Beiträge nachträglich zusammengeschnitten werden. Da sitzt du da, 3500 Leute gucken dir zu, du sollst eine Stunde Zeit haben, aber nach 35 Minuten stehen sie schon wieder an deinem Arbeitsplatz und wollen Ergebnisse sehen. Zum Glück konnte ich mein dankbares Blumenthema machen und war recht zügig. Mittlerweile hab ich mehrere Livesachen gemacht. Auch da schieße ich mich kurioserweise ein, aber dieser Anfang war heftig.

Nach der Show gab's backstage für alle was zu trinken, und dann saß da auf einmal Ruth Moschner in ihrem süßen Kleid und guckte die ganze Zeit. Irgendwann hab ich sie gefragt: »Mensch, Ruth, was guckste denn so?« Sie war auch gleich nett und interessierte sich, und wir kamen ins Gespräch. Die Frau ist sexy und hat selber eine Riesentätowierung auf der Seite. Und weil ich sowieso in diesem »Alles ist geil«-Schwall drinhing, hab ich irgendwann zu ihr gesagt: »Ruth, komm mal her. Zieh dir mal Handschuhe an, und dann tätowierst du mir ein Autogramm.«

Da kam nur: »Wie, wie, was jetzt?« Sie fing an zu zittern, aber sie hat mir tatsächlich dieses Ding gekratzt. Die Frau saß da in ihrem schicken Abendkleid, und ich hatte mein Bein auf ihrem Schoß liegen. Wer darf schon seine nackten Beine auf den Schoß von Ruth Moschner legen und ihr dabei die ganze Zeit in den Ausschnitt gucken?

Sie musste erst mal ein Feeling für die Maschine kriegen und war sehr vorsichtig. Und irgendwann fragt mich diese Frau mit diesem tollen Kleid, diesem tollen Dekolleté und dieser tollen Frisur ganz ernsthaft: »Sag mal, bin ich jetzt schon drin?«

Nach diesem Spruch hatten wir den Spaß unseres Lebens. Wenn Ruth Moschner heute auf das Thema Tattoo angesprochen wird, muss sie dabei bestimmt an diese Situation denken.

Leider sind aber nicht alle beim Fernsehen so cool wie Ruth. Ich habe bei dieser »Verstehen Sie Spaß«-Geschichte auch ein paar Sachen mitbekommen, die meine Sicht auf die öffentlich-rechtlichen Sendeanstalten ziemlich verfinstert haben. Die hatten da eine Maskenbildnerin, die sehr viele Tattoos hatte und Top-Arbeit gemacht hat. Die Frau steckte in einem Zwei-Jahres-Vertrag, den sie bekommen hatte, ohne dass die Leute in der Chefetage wussten, dass sie stark tätowiert ist. Nachdem sie es herausgefunden hatten, wurde sie plötzlich in keiner Show mehr eingesetzt. Die stand in Lohn und Brot, aber sie bekam nichts zu tun, weil eine stark tätowierte Frau für eine öffentlich-rechtliche Sendeanstalt angeblich nicht tragbar war. Nur in dieser »Verstehen Sie Spaß«-Folge durfte sie mal ran, weil ja sowieso eine Tattoostory darin vorkam. Ist das nicht krank?

Bevor ich davon erfahren habe, habe ich backstage noch Tom Buhrow von der »Tagesschau« getroffen und ihn gefragt, ob er sich vorstellen könnte, dass die da mal tätowierte Moderatoren einstellen. Hätte ich mir auch sparen können. Da kam natürlich: »Nee, das würde zu sehr ablenken und käme unseriös rüber«. So viel zu den Öffentlich-Rechtlichen. Ich hab mir echt einen gelacht, als wenig später die »heute-journal«-Moderatorin Dunja Hayali beim Deutschen Fernsehpreis ihren komplett zutätowierten Rücken präsentierte.

Das zeigt doch mal wieder: Wenn die konservativen Säcke so weitermachen, müssen sie sich irgendwann warm anziehen, damit sie durch ihre ablehnende Haltung gegenüber Tattoos nicht die besten Leute verlieren. Das gilt aber nicht nur fürs Fernsehen, sondern für alle Branchen. Bei so was kann man doch nur zum Anarchist und zum Kämpfer werden. Oder man wandert gleich aus. Im nächsten Kapitel fange ich schon mal damit an.

DIE REISE SAMMELBEIN II – TATTOOS

»Reisen verarbeite ich nicht, indem ich in den Souvenirshop renne und mir 'nen Porzellanteller in den Nationalfarben des Landes kaufe, sondern indem ich mir ein Erinnerungstattoo mache.«

Ich gebe ehrlich zu, dass mir die ganzen Fernseh- und Promigeschichten zwischendurch ein bisschen zu Kopf gestiegen sind. Durch Erlebnisse wie der Nummer mit den Öffentlich-Rechtlichen oder den Anfeindungen aus der Tattooszene bin ich allerdings relativ schnell wieder runtergekommen. Und wenn du erst mal wieder den Blick frei hast, merkst du auch, unter was für einem Erfolgsdruck viele Leute in den Medien stecken. Die müssen sich da beweisen und hier noch was mitnehmen und da jemanden übertrumpfen. Dann lernst du die Freiheiten wieder zu schätzen, die du als Tätowierer hast.

Meine Vorstellung von Erfolg hat sich in den letzten Jahren ziemlich gewandelt. Früher dachte ich immer, wie viele andere auch, dass Erfolg sich am Geld misst. Aber das Ding ist: Wenn du in dieser Spirale erst mal drin bist, kommst du nie an. Dann bedeutet Erfolg immer die Ebene, die du erst noch erreichen musst. Und wenn du die nächste Ebene erreicht hast, musst du weiter zur nächsten. Ich hab in meinem Leben Höhen und Tiefen gehabt.

Zwischendurch hatte ich mal Geld, das hab ich wieder verkackt und musste im Auto wohnen, weil ich keine Miete zahlen konnte. Ich hab falsch investiert, hab falsche Freunde gehabt, falsche Projekte gemacht, bin pleitegegangen mit dem Reisebüro, wurde teilweise beklaut und, und, und. Dann hab ich mich wieder berappelt und kam einigermaßen klar. Also hab ich davon geträumt, jeden Monat ein paar Scheine beiseitelegen zu können. Hab ich irgendwie auch geschafft. Eine Zeitlang hab ich die Kohle sogar immer gezählt und fand das toll. Aber am Ende lag sie einfach nur da und war das, was sie ist: Geld. Da merkst du, dass es gar nicht um das Geld geht, sondern um die Dinge, die du damit machst. Das muss man sich erst mal klarmachen.

Viele krampfen sich in diesem Geldgedanken fest und kommen dabei nicht vorwärts. Je mehr du krampfst, um Geld zu bekommen, desto mehr Angst hast du auch, das Geld wieder zu verlieren. Ich selbst hab mich irgendwann so verrannt in diesen Gedanken, dass geschäftlich nichts mehr ging. Da hab ich angefangen loszulassen. Ich hab mir klargemacht, dass mein Leben eigentlich gut ist. Ich hab Freunde, ich hab 'nen geilen Job, und ich kann reisen. Reisen sind ein ganz wichtiger Punkt bei dieser Geschichte. Die bringen mich zurück zu den Wurzeln. Und ich rede gar nicht von Luxusreisen mit irgendwelchen Fünf-Sterne-Hotels, wo sie dir am besten noch den Hintern abwischen nach dem Scheißen. Das wird ja auch öde, und du merkst irgendwann, dass du in deinem ersten Ostsee-Urlaub mit deinen Punkerkumpels zehnmal mehr Spaß hattest als im schicksten Hotel am Strand von Miami.

Ich verreise sowieso nicht unbedingt, um in der Sonne rumzugammeln und Weibern hinterherzugucken, sondern um was zu erleben. Das ist für mich eine sehr emotionale Sache und hat mit meiner Ostvergangenheit zu tun. Da ich früher nicht reisen konnte, bin ich mir heute viel bewusster darüber, wie geil es ist, andere Länder kennenzulernen und etwas über sie zu erfahren. Am liebsten würde ich überall hinfahren. Allerdings enden 70 bis 80 Prozent meiner Reisen immer wieder am Atlantik. Am ersten Tag nach der Landung gehe ich dann erst mal zum Strand, um mich zu bedanken, dass ich wieder da sein darf. Hört sich so pathetisch an, ist aber einfach ein loser Spruch: »Ey, schön, dass ich da bin. Ich hab doch gesagt, ich komme wieder, Alter.« Dann hau ich einmal durchs Wasser und gehe wieder. Genauso verabschiede ich mich vor der Abreise, in der Hoffnung, dass ich zurückkommen darf. Ich mach das immer alleine und gehe damit keinem auf den Sack. Alex, mit dem ich meistens zusammen reise, ist ganz froh, dass ich ihn damit nicht nerve. Es reicht ja schon, wenn er mir manchmal meine Reisetattoos stechen muss, die mittlerweile genauso dazugehören wie mein Begrüßungs- und Abschiedsritual. Ein Typ wie ich verarbeitet seine Reiseerlebnisse eben nicht, indem er in den Souvenirshop rennt und sich 'nen Porzellanteller in den Nationalfarben des Landes kauft, sondern indem er sich ein Erinnerungstattoo macht, das die Erfahrungen der Reise einfängt. Ich hab vorhin ja schon erwähnt, dass solche Tattoos auf meinem Sammelbein landen. Wo auch sonst? Hier also ein paar Sammelbeingeschichten über meine Reisetattoos.

MEXIKO

Als alter Mayakalenderbewunderer musste ich unbedingt mal nach Mexico City. Kennt man ja als gefährlichste Stadt der Welt. Ein Freund von mir war zweimal in seinem Leben da. Einmal wurde er direkt im Hotel ausgeraubt, das zweite Mal haben sie ihm am Flughafen eine Knarre an den Kopf gehalten. Es muss also was dran sein an der Gefährlichkeit. Aber haben wir davon was gemerkt? Null. Alex und ich kannten da zwei einheimische Tätowierer, mit denen wir durch die Gegend gezogen sind. Das war, als hätten wir Supermantropfen geschluckt oder so was. Die Typen sind mit uns total blau in 'nem alten Käfer mit Ersatzrad und nur einem funktionierenden Scheinwerfer durchs nächtliche Mexico City gedüst. Später erfuhr ich, dass sie obendrein auf LSD waren, was ich in dem Moment gar nicht mitgekriegt habe. Ich hab wahrscheinlich sowieso nicht mehr so viel mitgekriegt. Ich glaube, wir haben in dieser Nacht mindestens fünfmal unseren Arsch riskiert, ohne es zu merken.

Wir sind von Nachtclub zu Nachtclub gezogen, bei einigen standen Sicherheitsleute mit Maschinenpistolen vor der Tür. Anstatt da mal ein bisschen eingeschüchtert zu sein, sind wir fett und breit an denen vorbei und haben gelacht und gefeiert wie die Blöden. Für mich war das mal wieder ein Beweis dafür, dass Tätowierer die Welt anders wahrnehmen. Egal, wo ich bin in der Welt, ich mache selten negative oder bedrohliche Erfahrungen. Normalerweise sind großformatige Tätowierungen ein Signal, dass du zu einer gegnerischen Gang gehören könntest, aber sobald die harten Burschen hören, dass du Tätowierer bist oder einheimische Tätowierer kennst, stoßen sie dir die Türen auf und feiern mit dir. Solange du dann nicht übermütig wirst und die Alte von irgendeinem Gangsterboss abschleppst, werden die dir auch immer helfen, wenn's Probleme gibt. Da kriegst du irgendwann ein Gefühl von Unverwundbarkeit, das regelrecht high macht.

Wenn du in der gefährlichsten Stadt der Welt durch jede Gangsterreihe laufen kannst, ohne dass dir jemand auch nur deine Uhr klaut, dann muss sich der Herrgott für dich wohl was anderes ausgedacht haben als einen Überfall, denkst du. Und in diesem Hochgefühl kommst du dann zu den Sonnenpyramiden, die du als alter Esoteriker sowieso als Raumschiffbahnhöfe wahrnimmst, und lässt dich von den Eindrücken in diesen alten Tempelanlagen wegschießen. Es war für mich gar keine Frage, dass unsere mexikanischen Kumpels mir ein Mexikotattoo verpassen müssen. Haben sie am letzten Abend auch gemacht. Das Motiv haben sie selbst entworfen: Ein Mayaskalp mit einem abgewandelten Mayaschriftzeichen kombiniert. Darin verbindet sich dieses Hochgefühl mit der Mayamystik. Cooles Teil.

Als ich wieder zu Hause war, hab ich erst mal den Freund angerufen, der zweimal in Mexiko überfallen wurde. »Hey, wir waren da feiern und haben uns im Suff über die Pistolenbrüder lustig gemacht, aber statt uns kaltzumachen, haben die mit uns gesoffen«, hab ich dem erzählt. Der dachte, ich spinne ihn an. Sollte er. Für mich war das Mayatattoo der Beweis für mein Gangstersightseeing in der gefährlichsten Stadt der Welt.

FLORIDA

Ich war mal mit einem Kamerateam in den USA. Wir sind zehn Tage durchs Land getingelt, und das wurde fürs Fernsehen dokumentiert. Schon abgefahren, wenn man bedenkt, wie ich vor sechs Jahren fassungslos vor dem »Miami Ink«-Laden stand und über diesen Hype nachgegrübelt habe. Jetzt war ich in gewisser Weise selbst ein Teil davon. Jedenfalls landeten wir zum Schluss der Tour in Florida in so einer Art Galerie, die auch ein Tattooshop war. Der Laden war uns für einen Dreh vermittelt worden, und ich sollte dort tätowieren. Ich habe mich da nicht wohl gefühlt, aber weil wir unser Material zusammenkriegen mussten, hab ich halt funktioniert. Ich hab mein Ding runtergerattert und hätte gleichzeitig am liebsten alle auf den Mond geschossen. Der Kameramann hat mich genervt, und die Kunden waren unmöglich, die Atmosphäre war scheiße ... Mir ging echt alles auf den Sack – bis ein dicklicher Typ mit einer hochgebogenen lila Schirmmütze, die vorne eine gelbe Bananenstaude draufgedruckt hatte, in den Laden kam und meinen Tag rettete.

Das war Steve Banana, auch Tätowierer. Der hatte nicht nur diesen schrillen Style – vergleichbar mit Dirk Bach, nur dass er besser aussah –, er tätowierte auch so kunterbunte Comicsachen.

Der Typ machte geile Kunst, in einer wahnsinnigen Präzision, war aber trotzdem total solide und auf dem Boden geblieben.

Wenn du in Deutschland jemanden hast, der in dieser Qualität tätowiert, läuft in 80 Prozent der Fälle ein arroganter Charakter nebenher. Diese Arroganz in der Branche stört mich ganz oft. Die sind dann die Megakünstler und halten sich für den Mittelpunkt der Welt.

Nicht so Steve Banana. Der Typ blödelte rum und riss Witze, während er seine Tattoos machte, sodass ich irgendwann mehr Spaß hatte, ihm bei der Arbeit zuzugucken, als meinen eigenen Kram zu machen. Wir haben gelacht ohne Ende, und als der Tag vorbei war, ging ich mit ihm raus, guckte auf seine Mütze und meinte: »Weißte was? Eigentlich müsstest du mir ein paar Bananen tätowieren.« Ich zeigte ihm dann mein Sammelbein und hab die eine oder andere Geschichte darüber erzählt. Fand er verrückt, hat aber abgelehnt, selbst darauf zu tätowieren. Nicht weil er nicht wollte, sondern weil er Respekt hatte vor diesem Bein und der Meinung war, er gehört bei all den tiefen Geschichten nicht da drauf. Spätestens in diesem Moment wusste ich, dass der Typ genau die richtige Einstellung für eine Sammelbeintätowierung hat. Ich wollte diese Bananen jetzt echt haben. Ich musste allerdings Überzeugungsarbeit leisten. Ich hab dem erzählt, dass er meinen Tag gerettet hat und die Bananen das einzig richtige Erinnerungstattoo für diesen Amerikatrip seien, weil es für mich ja auch nicht selbstverständlich ist, dass ich Fernsehen mache und jetzt sogar in den USA drehen darf. Kurz gesagt: Die Bananen sollten nicht nur eine Erinnerung an ihn sein, sondern an die gesamte Reise. Außerdem hatte ich ja noch ein ultimatives Argument in petto: Hey, ich komme aus dem Osten. Wenn ich die Bananen auf dem Bein habe, kann sie mir auch keiner mehr vorenthalten wie damals in der DDR. Dieser Logik konnte sich auch Steve nicht entziehen. So kam ich zu meinen Sammelbeinbananen.

AMAZONAS

Manchmal klappen die Dinge nicht so, wie ich sie mir vorgestellt habe, und es kommt am Ende trotzdem was Gutes dabei raus. Mein Indio-Energiezeichen ist dafür das beste Beispiel. Ich hatte für den Amazonas drei Pläne: Ich wollte in den Urwald, ich wollte mir ein Indiotattoo von Hand stechen lassen, und ich wollte mein Immunsystem stärken. Die beiden ersten Punkte haben über Umwege geklappt, das Letzte leider nicht.

Um das kurz zu erklären: Ich hatte von einem Indiostamm gehört, der hinter Manaus lebt und bei dem die Leute ihre Abwehrkräfte stärken, indem sie sich das Gift von einem bestimmten Frosch verabreichen. Ich hab ja schon erzählt, dass ich nicht zu Ärzten gehe, weil ich glaube, dass die uns mit ihren Medikamenten verseuchen, deshalb bin ich an solchen natürlichen Heilmethoden sehr interessiert. Diese Indios ritzen sich alle drei Jahre die Haut kaputt, träufeln sich das Gift von diesem Frosch in die Wunden, haben danach 24 bis 30 Stunden Krämpfe, weil sich der Körper gegen das Gift wehrt, und sind danach gegen alle Krankheiten immun, die schwächer sind als dieses Gift. Das Zeug muss natürlich exakt dosiert sein, sonst stirbst du, aber es wirkt. Diese Indianer werden niemals krank. Hätte ich auch Bock drauf. Aber das mit der Giftkur hat leider nicht geklappt.

Kurz bevor wir angereist sind, gab es bei den Indios eine Rebellion. Die haben sich in ihre Wälder zurückgezogen und wollten nichts mehr mit der zivilisierten Welt zu tun haben. Wir sind an Urwaldstraßen langgefahren, an denen Straßenschilder davor warnten, bloß nicht anzuhalten, weil die Jungs mit Pfeil und Bogen schossen, wenn Weiße ihrem Dorf zu nahe kamen. Man kam also überhaupt nicht an die ran. Ich hab versucht zu verstehen, was da abgeht, und mich tierisch aufgeregt. Denn damit fiel ja nicht nur die Giftkur ins Wasser, sondern auch das Tätowieren von Hand. Das Einzige, was blieb, war der Urwald.

Wir haben in Manaus dann Au Delon besucht, einen dort sehr bekannten Tätowierer. Als der von meinen Urwaldplänen hörte, meinte er:»Ich hab ein Grundstück in den Wäldern. Wenn ihr echt puren Urwald wollt, dann fahren wir da mal hin.«

Und als ich ihm von meinem Handtätowierwunsch erzählte, meinte er, auch da arrangiert er was. Dufte.

Am nächsten Morgen haben wir ein paar Töpfe und Verpflegung eingepackt und sind los. Anderthalb Tage sind wir nur gefahren, gefahren, gefahren, gefahren. Urwaldstraße. Bis wir an einer Hütte ankamen, die vielleicht 200 Kilometer nordöstlich von Manaus an einem Amazonas-Nebenarm lag und nur aus ein paar Holzwänden auf Pfählen bestand. Sonst gab's da nichts. Keinen Strom, kein Scheißhaus, nur ein paar Bullterrier und Pitbulls lebten auf dem Gelände frei und fetzten sich untereinander wie blöde. Über uns als Menschen schienen sie sich aber zu freuen.

Nachdem wir unser Lager aufgeschlagen hatten, sollte der Indio kommen, der mich tätowieren sollte. Und er kam: ein Typ mit Turnschuhen und Sporthose. Das einzig Ursprüngliche, was er an sich hatte, war sein Tätowierstöckchen. Als ich den sah, meinte ich nur:»Na, das ist ja mal ein total typischer Indio, ganz toll. Fehlt nur noch, dass er gleich noch sein Handy rausholt.« Zwei Minuten später passierte auch das.

Ich wollte das Tätowierprojekt schon abschreiben, weil das mit dem Typen nicht das war, was ich mir vorgestellt hatte. Dann aber verbrachte er mit uns drei Tage, und ich erlebte mit ihm ganz viele Dinge, die zwar nichts mit meinen festgelegten Plänen zu tun hatten, dafür aber vielleicht noch intensiver waren. Wer schon mal eine Nacht im Wald verbracht hat, kann diese Erfahrung vielleicht ansatzweise nachvollziehen.

Wenn nachts unser Feuer ausging, war der Urwald einfach nur noch eine schwarze Wand. Da hattest du nicht die Lichtnähe einer Großstadt. Es gab nur diese schwarze Wand, die aber lauter war als jeder Highway dieser Welt. Da kamen Geräusche raus ohne Ende. Immer wenn ein Geräusch sich näherte, schossen die Pitbulls wie der Blitz in dessen Richtung, um unser Camp zu verteidigen.

Leute, ich hatte da echt Schiss und wollte nur diese Nächte hinter mich bringen. Es war unerträglich. Du weißt ja nie, was aus diesem Urwald alles rauskommen kann. Schlangen, giftige Spinnen, Geparden ... die sind da alle drin, und alles ist live. Das ist kein Picknick im Zoo. Gott sei Dank hatten wir selbstgebrannten Schnaps dabei, mit dem wir uns abschießen konnten. Wir haben unter freiem Himmel geschlafen und mussten zum Kacken in den Wald gehen. Selbst das war gefährlich und unterlag bestimmten Regeln. Du musstest dir ein kleines Feld scharren, durftest dich nicht hinhocken, und es kamen immer zwei, drei Hunde mit, die sich ganz selbstverständlich hinsetzten und aufpassten, während du kacken warst. Hab ich vorhin gesagt, meine Reisen führen mich zurück zu den Wurzeln? Das hier war der pure Ursprung. Das Wasser wurde aus dem Fluss geholt, das Essen selbst gefangen. Die Jungs hatten nur ein bisschen Fleisch zum Grillen mitgebracht. Dumm gelaufen für mich, denn ich bin Vegetarier. Also bin ich mit diesem

Indio losgezogen, und wir haben Maniokwurzeln ausgegraben, die für mich gekocht wurden, damit ich was zu
essen habe.

Wenn du drei Tage und Nächte mit so einem Typen verbracht hast, der mit dir Wurzeln ausbuddelt, dir den Wald
erklärt und dir Viechzeug zeigt, von dem du noch nie in
deinem Leben gehört hast, verzeihst du ihm schnell seine
Turnschuhe und seine Sporthose. Statt eines Klischees
von Ursprünglichkeit bekommst du dann etwas ganz anderes: das Bewusstsein für die Macht der Natur, die ständig von der menschlichen Zerstörung bedroht ist. Bei mir
hat sich da eine richtige Front aufgebaut gegen die Typen,
die alles kaputt machen. Auf einmal hatte ich sogar das
Gefühl, die Rebellion dieser Indios zu verstehen, zu denen ich eigentlich hingewollt hatte. Und dann saß da
eben dieser nette Typ, in Turnschuhen und Jogginghose,
mit seinem Töpfchen, seinem Stöckchen und seinen Nadeln …

Kurzum: Ich hab mich natürlich doch von ihm tätowieren
lassen. Auch das war einmalig. Diese Sitzung hatte fast etwas Mystisches. Wir haben das auf einem Stein mitten im
Fluss gemacht, auf dem die Indianer früher ihre Pfeilspit-
zen geschliffen haben, bevor sie auf die Jagd gingen. Das
Motiv ist ein altes indianisches Energiezeichen. War die
Idee von dem Tätowierer. Das gehört zu der Authentizität
der Reisetattoos dazu, dass die Leute ihre eigenen Ideen
umsetzen. Da saß ich also auf diesem Stein, ein klarer Mi-
ni-Wasserfall floss an mir vorbei, um mich herum kreisch-
te der Urwald, und der Typ tätowierte mich von Hand. Ein
wahnsinnig eindrucksvoller Moment, und es hat überhaupt nicht wehgetan. Was mir allerdings erst nach dem
Tätowieren auffiel: Wie sollte ich mit meinem frischen Tattoo jetzt eigentlich von diesem Stein wieder runterkom-

men? Ich meine, das war am Amazonas, und das Bein hat geblutet. Da schießen dir schon alle möglichen Piranhastorys durch den Kopf. Andererseits konnte ich ja auch nicht auf den Händen durch den Fluss hüpfen. Es half alles nichts. Ich musste mit dem Tattoo durchs Wasser. Mir wurde hinterher versichert, dass diese Urwaldflüsse das klarste und sauberste Wasser überhaupt haben. Das regnet runter, wird in den Wurzeln unter einem Moosbett gefiltert und fließt dann ab. Der Amazonas selber ist ja die reinste Dreckbrühe. Ich war oft genug da, und der sieht aus wie Kakao. Das war hier nicht so. Es war eben der Ursprung, und es war trotz aller Kompromisse perfekt. Hätte nur noch gefehlt, dass mir beim Durch-den-Fluss-Waten einer dieser Giftfrösche auf die Tattoowunde gesprungen wäre und ich meine Abwehrkräftetherapie im Vorbeigehen auch noch mitgenommen hätte. So krass kam's dann doch nicht. Aber ich bin schon froh, dass wenigstens zwei meiner Vorhaben geklappt haben.

BALI

Auf Bali wollte ich eigentlich nur einen Reisebericht für mein Shopmagazin machen und Piercingschmuck kaufen. Aber es passierte natürlich mal wieder etwas Unerwartetes. Mittlerweile wundere ich mich nicht mal mehr darüber, sondern bin fast enttäuscht, wenn mal alles nach Plan läuft.
Von Bali sagt man, es sei die Insel der tausend Götter und tausend Tempel. Von 365 Tagen im Jahr sind da wahr-

scheinlich 260 offizielle Feiertage. Okay, das ist vielleicht etwas übertrieben, aber wenn du die Bräuche aller unterschiedlichen Glaubensrichtungen zusammennimmst, kommst du wirklich auf eine aberwitzige Zahl von Festtagen. Du hast da also überall verschiedene Tempel und Bräuche. Wenn ich morgens am Strand joggen gegangen bin, bin ich an Hotelkomplexen vorbeigerannt, die richtig um die Tempelanlagen herumgebaut worden waren. Ich war beeindruckt von der Schönheit dieser Insel.

In einer Nacht habe ich mit einem Führer einen aktiven Vulkan bestiegen und dann bei Sonnenaufgang auf der Kante dieses Bergs gesessen, während der Typ unsere Frühstückseier im Wasserdampf kochte, der aus den Ritzen des Vulkans zischte. Krasse Aktion.

Aber ich war ja nicht nur fürs Abenteuer da, sondern auch, um die Tattooläden der Insel zu checken und Schmuck zu kaufen. Gleich zu Anfang hörte ich von einem Tätowierer, der alle seine Tätowierungen freihand machte, der nur sonntags und nur auf Bestellung tätowierte und auch nur, wenn er Bock auf die Kunden hatte. Der Typ war eine Legende auf der Insel, in allen Tattooläden, die ich besucht habe, erzählten sie von dem Allerdings war es unmöglich, an ihn ranzukommen. Wenn wir zu seinem Laden kamen, war der zu, und wenn ich mich zu ihm durchfragen wollte, verlor sich die Spur immer sehr schnell. Irgendwann hab ich's aufgegeben und mich auf die Schmuckgeschichte konzentriert. Das war auch sehr viel einfacher. Wir sind in einem Ort gewesen, da gab es Straßen, da ging es nur um Gold, es gab Straßen, da ging es nur um Silber, und es gab Straßen, da ging es nur um Edelsteine. Zu einem Edelsteinverkäufer bin ich hin und hab mich erkundigt, was seine Steine kosten. Umgerechnet wollte der vielleicht 60 Cent haben für einen

Stein. Ein Witz, wenn man's mit den Preisen in Deutschland vergleicht. Aber ich wusste, dass man mit den Balinesen handeln muss, um von ihnen respektiert zu werden. Also hab ich mit dem gedroschen. Ich hab verglichen und gefeilscht wie ein Weltmeister, bin zwischendurch raus aus dem Laden und doch wieder rein, es war zum Totlachen.

Nach einer Stunde hatte ich den Typen auf 40 Cent runtergehandelt. Mir ging es gar nicht darum, dem einen rauszulocken, ich wollte einfach nur seinen Respekt. Bei 40 Cent hab ich gesagt: »Okay, ich nehme 100 von diesen Steinen.« Der packte die Dinger also ein und schrieb den Preis auf. Ich guckte auf den Zettel, runzelte die Stirn und meinte: »Na, die Summe müssen wir aber erst noch mal verhandeln.«

Der Typ wusste gar nicht, was ich von ihm wollte. Der meinte: »Wie, verhandeln? Wir haben doch gerade verhandelt?« – »Ja, um einen Stein«, sag ich. »Aber doch nicht um hundert.«

Unter Murren ist er dann noch mal 5 Cent runtergegangen. Der Mann hat echt gelitten unter mir. Erst nach anderthalb Stunden Verhandeln hab ich Ruhe gegeben und bezahlt – und ihm dabei den gesamten Betrag, den wir runtergehandelt hatten, als Trinkgeld gegeben. Der Typ verstand die Welt nicht mehr, als ich mit meinen Edelsteinen abzog, und ich war auch fix und fertig.

Aber der Einsatz sollte sich auszahlen. Diese Geschichte machte unter den Händlern auf der Insel ganz schnell die Runde. Die fanden es unfassbar, dass da ein zutätowierter Verrückter mit 'nem Zopf hinten an der Glatze durch die Gegend kraucht, der feilscht und handelt wie ein Balinese. Mein Ruf eilte mir bis zu diesem ominösen Tätowierer voraus, an den ich nie rangekommen war. Der stand dann auf einmal bei mir im Hotel und lud mich in seinen Tattooladen ein. Aber ich wusste ja nicht, wer er ist. Da stand halt ein unscheinbarer Mann mit Spitzbart und wollte mir seinen Tattooladen zeigen. Aber ich hatte auf der Insel echt schon genug Tattooläden gesehen und hatte außerdem nur noch zwei Tage Zeit. Also hab ich abgelehnt.

Am Abend vor der Abreise saß ich dann mit meinem Inselführer zusammen, und der meinte: »Du musst morgen noch zu dem Typ mit dem Spitzbart. Das ist der Tätowierer, den du die ganze Zeit treffen wolltest.«

Ich dachte, ich höre nicht richtig. Das war dieser Typ? Hätte man mir auch mal vorher sagen können. Wir sind also am nächsten Morgen in aller Herrgottsfrühe zu dem hin. Zweieinhalb Stunden sind wir gefahren. Bei unserer Ankunft war das Erste, was ich sah, ein Typ mit einem pinkfarbenen 50er-Jahre-Motorroller und Seitenscheitel. Er war bodysuitmäßig zutätowiert und stockschwul. Das war der Shopguide. Der hat dann erst mal den ganzen Laden geweiht mit Rauch und Schnaps und was weiß ich was. Es war ein Prozedere vom Feinsten, bis dieser Tätowierer überhaupt seinen Laden betrat.

Irgendwann war das Ritual durch, und wir setzten uns in eine Ecke und sprachen miteinander. Was ich so mache, was er so macht, er zeigte mir seine Arbeitsweise, mit den ganzen Stangen und Pieksereien, und dann fragte er mich plötzlich, ob er mich tätowieren soll. Wenn jemand sehr ausgebucht ist, kriegst du bei dem normalerweise nicht spontan einen Termin. Ich hätte gar nicht danach zu fragen gewagt. Und jetzt saß ich hier, und der Typ bot mir spontan an, mir ein Tattoo zu verpassen. Ich hab natürlich sofort eingewilligt. Er zeigte auf die Wände, an denen überall Zeichnungen von ihm hingen, hauptsächlich balinesische Teufelsvertreibermasken, und fragte, ob ich damit einverstanden sei, wenn er mir so was in der Art machen würde. Klar war ich einverstanden und dachte, jetzt entwirft der erst mal drauflos. Aber nix. Er fing direkt an. Wenn man sich die Präzision des fertigen Tattoos heute anguckt, ist das eigentlich unglaublich. Vielleicht lag's an der Rauch- und Schnapsweihe, dass hier alles wie von selber zu funktionieren schien. Der Typ war ja auch etwas mysteriös, hatte so einen langen Fingernagel, mit dem er die Wunde immer mit Kokosöl abtupfte. Und er war schnell wie der Blitz. Nach nur einer Stunde hatte ich eine exakt gestochene, superfiligrane Maske auf der Haut. Normalerweise hängen die Dinger auf Bali vor den Häusern und sollen böse Geister vertreiben, und wie mit den Festen und Feiertagen gibt es auch tausend verschiedene Masken mit tausend verschiedenen Bedeutungen. Als Europäer blickt man da wahrscheinlich nie ganz durch.

Ich habe in meinem Tattooraum in Berlin ein paar dieser Masken an der Wand hängen. Irgendwann kamen zwei japanische Touristinnen zum Tätowieren zu mir. Die eine von den beiden wagte es nicht, über die Schwelle zu treten, als sie diese Masken sah. Die hatte richtig Schiss vor den Teilen und kam erst rein, als ich sie von der Wand genommen hatte. Was wohl passiert wäre, wenn ich ihr die Maske auf meinem Sammelbein gezeigt hätte? Ich will's gar nicht wissen. Für mich ist das einfach mein persönlicher Teufelsvertreiber.

PERU

In Peru habe ich mir von einem Tätowierer in Cusco 'nen Kondor im Inkastil auf den Oberschenkel tätowieren lassen. Dieser Kondor sieht ein bisschen aus, als wäre er in Stein geschlagen. Etwas statisch und mechanisch, wie die Bildnisse in den Inkaruinen. Fast vier Stunden hat der Typ an diesem Tattoo rumgeprokelt. Ich hätte für dasselbe Motiv vielleicht eine Stunde gebraucht. Aber es ist 'ne geile Arbeit. Die Tätowierer da unten sind sowieso extrem gut. Und immer wenn ich auf diesen Kondor runtergucke, weiß ich wieder, was ich in Peru erlebt habe. Diese Reise hatte es in sich.

Mein großes Ziel war die Ruinenstadt Machu Picchu. Ich hatte schon länger geplant, da hinzufahren, aber immer wieder ist im letzten Moment was schiefgelaufen. Als ich gerade mal wieder eine Reise abgesagt hatte, habe ich zwei Wochen später einen Leibwächter des peruanischen Innenministers tätowiert. Der war Halbdeutscher, machte gerade eine Schulung in Berlin und erzählte viel von seiner Familie in Peru. Das war für mich wie ein Zeichen, und ich hab gesagt: Das nächste Mal kann kommen, was will, ich fahre dahin. Allerdings wollte ich mich auch nicht mit einem Reisebus nach Machu Picchu karren lassen, mit all den Chinesen dieser Welt und ihren riesengroßen Fotoapparaten, sondern ich wollte den Inka-Trail wandern. Da gehst du in vier Tagen knapp 50 Kilometer zu Fuß über die Anden. Du startest bei 2800 Metern Höhe, überwindest eine Kante, die 4200 Meter hoch liegt und gehst nach Machu Picchu wieder auf 2000 Meter runter. Ein Weg mit riesigen Höhenunterschieden also. Da muss man im Training sein und sich zwölf Monate vorher anmelden, weil man spezielle Papiere braucht und nicht mehr als 400 Leute pro Monat durch diesen Wald latschen dürfen. Alex und ich haben dann eine kürzere Variante gebucht, die nur zwei Tage dauert.

Kurz bevor es losgehen sollte, zeichneten sich schon wieder die ersten Hindernisse ab. Es gab da drüben ein Erdbeben und einen Erdrutsch, bei dem die Gleise der Gebirgsbahn, mit der man zum Fuß des Berges fährt, teilweise zerstört wurden. Ich hab das einfach ignoriert und gesagt: Wir fliegen und gucken, was geht.

Zuerst waren wir dann in Lima. Ein schlechter Peru-Einstand. Lima habe ich nur als dreckig und kaputt empfunden. Es gab da Bezirke, in denen die Ampeln abgebaut waren, weil jeder, der da anhält, sofort ausgeraubt wird. Da war nichts mit Lamas und bunten Mützen. Zu allem Überfluss stießen wir am Flughafen seit langem auch mal wieder an unsere Ihr-seid-aber-doll-tätowiert-Grenze. Die Zivilpolizei hat uns rausgezogen und zerpflückt bis zum Get-no. Dazu muss man sagen, dass es in Peru viele Europäer gibt, die versuchen, Drogen zu schmuggeln, und wir zwei tätowierten Typen passten in dieses Bild vom drogenschmuggelnden Gangster natürlich perfekt rein. Die haben uns die Böden unserer Taschen und die Cremedosen zerschnitten, die haben uns nackig durch den Körperscanner geschickt, bis es irgendwann nicht mehr lustig war.

Dann hatten wir auch noch ziemlich viel Bargeld dabei, weil wir nicht wussten, ob man in Peru überall mit Kreditkarte zahlen kann. Nun stell dir mal vor, du bist Polizist in so einem armen Land, und da liegen auf einmal Beträge vor dir auf dem Tisch, die mindestens das Fünffache deines Monatslohns sind. Ich hatte zwischendurch echt Schiss, dass die uns einfach Drogen unterschmuggeln, uns die Kohle abnehmen und in den Knast stecken, aber so schlimm kam's dann doch nicht. Irgendwann ließen sie uns gehen, und wir kamen endlich nach Cusco – und damit das erste Mal zu einem richtigen Peru-Feeling. Da waren sie endlich, die idyllischen kleinen Gassen, die alten Felsen von den Inkapyramiden, die die Spanier zu Kirchen umgebaut hatten, die kostümierten Folkloretänzer und die kleinen Lamababys. Ich fühlte mich sofort wohl in dieser kleinen verträumten Indianerstadt und hab das ganze Theater von vorher schnell vergessen und mich entspannt. Ging im Prinzip auch gar nicht anders. Du kriegst da nämlich in jedem Hotel Kokablätter und Kokatee. Die Blätter muss man kauen, und alle Leute haben die Backen voll mit dem Zeug. Für die Mengen an Koka, die die Leute da in einem Monat durchkauen, würde man hier wahrscheinlich zehn Jahre in den Knast gehen, aber bei denen hat das nichts mit der Kokaindroge zu tun, sondern dient einfach der Beruhigung und Entspannung. Alle sind megarelaxt und wirken wie bekifft, und es ist völlig normal.

Wir mussten zwei Tage in Cusco bleiben, um uns an die Höhe zu gewöhnen, also konnten wir uns das Treiben da in Ruhe angucken. Das ist schon lustig, wenn du über den Marktplatz gehst, und alle Leute schleppen kleine blaue Säcke mit sich rum, durch die die Kokablätter durchschimmern, und haben dabei noch 'ne fette Zigarre im Mund. Das sind die Gangsterfotos, die man fürs Album braucht, es war ein Traum.

Alex musste mich dann unbedingt noch ärgern, indem er Meerschweinchen gegessen hat. Die Tiere sind dort eine Delikatesse und werden mit Kopf serviert. Fand ich total scheiße, aber er bekam zwei Tage später seine Strafe. Denn da ging's los nach Machu Picchu.

Wegen des Erdrutsches mussten viele Wege erst wieder erschlossen werden. Bei dem Unglück war heftig was runtergekommen, einige Menschen waren gestorben. Absurderweise waren die Einheimischen glücklich darüber. Die haben in Kauf genommen, dass ihre Familienangehörigen bei dem Erdrutsch ums Leben gekommen sind, und freuten sich sogar noch, weil dadurch Hunderte von Menschen wieder Arbeit hatten. Das muss man sich mal reinziehen: In diesem Land herrscht so eine Armut, dass die Leute nicht mal mehr um Geld betteln, sondern fragen, ob sie deine Essensreste haben dürfen. Unter diesen Umständen wird ein Unglück plötzlich zur Chance. Niemand war scheiße drauf wegen des Erdbebens, im Gegenteil. Da wurden Buswege erschlossen, um zu diesem Berg zu kommen, es wurden Straßen ausgebessert, Schuttberge abgeschaufelt, und alle packten lachend mit an. Da sieht man mal, wie stark die Menschen sein können. Das war neben der Idylle und Schönheit auch so ein unvergesslicher Eindruck, den ich von der Reise mitgenommen habe.

Und mit diesem Gefühl begann für mich auch der Inka-Trail. Eine Bergbahn mit lauter japanischen Touristen brachte uns zum Ausgangspunkt unseres Marsches. In dem Ding gab's noch Bordservice mit Muffins und Kaffee, und alles war gemütlich, aber irgendwann hielt das Ding mitten auf der Strecke an einem wilden Fluss mit Hängebrücke, und unser Führer signalisierte uns, dass wir aussteigen müssten. Alex registrierte das gar nicht. Der guckte weiter aus dem Fenster und schlürfte sein Käffchen, bis ich meinte: »Du, Alex, es geht los, Alter.« – »Wie? Geht los? Ist doch gar kein Bahnhof hier.« – »Mensch, darum geht's ja, du Vogel.«

Wir hatten schon vor der Reise immer wieder Diskussionen gehabt, weil er die Geschichte nicht richtig ernst

nahm. Ich war vorher immerhin meinen Halbmarathon gerannt, aber Alex ist völlig unsportlich. Ich musste den an-
flehen zu trainieren, bis er sich endlich dazu breitschlagen
ließ, jeden Sonntag für 'ne halbe Stunde zu McFit aufs
Laufband zu gehen. Hat allerdings nicht viel gebracht.

Wir stiegen also aus und gingen erst mal über diese Hängebrücke. Es durften immer nur drei Leute gleichzeitig da
drauf, das wurde von Wächtern kontrolliert. Diese Brü-
cken sind 500 Jahre alt. Und auch die Wege auf dem Inka-
Trail sind original vor über 500 Jahren angelegt worden.
Da wird aufgepasst, dass nichts zerstört wird. Wir hatten
gut 18 Kilometer vor uns, mit Urwald, Wasserfällen und
mehreren Baumgrenzen, nach denen man sich plötzlich
über den Wolken befand. Es gab unglaubliche Aussich-
ten, aber es war auch gefährlich. Denn es wurde heiß wie
die Hölle, und die Luft wurde immer dünner. Wegen der
Sonne mussten wir uns Klamotten mit langen Ärmeln
und Beinen anziehen. Das alles zusammengenommen
machte das Laufen zur Qual. Bei 40 Grad Hitze und dünner Luft bergauf zu laufen, ist definitiv schwieriger als ein
Halbmarathon.

Es kam also, wie es kommen musste: Alex kackte nach
drei Kilometern ab. Komplett. Der war völlig am Ende.
Wir haben sein Zeug getragen und mussten ihn daran hin-
dern, sich auszuziehen und den Berg runterrollen zu lassen. Das war körperlich einfach zu hart für ihn.

Nun fährt die Bahn an dieser Brücke aber nur alle paar
Tage, und bis zum Camp waren es über 50 Kilometer. Wir
hatten also gar keine andere Wahl, als ihn über den
4200-Meter-Kamm zu bringen. Ich musste den richtig an-
schreien, damit er weiterläuft.

»Hey, das ist mal wieder 'ne Grenzerfahrung, die du hier
machst«, hab ich gebrüllt. Es war total krass. Letztendlich

hat er sich tatsächlich diesen Berg hochgeschleppt – auf welche Weise auch immer. Wir sind durch wunderschöne alte Ruinen und überwältigende Natur gelaufen, die hat der gar nicht mehr wahrgenommen. Dem war alles egal. Aber als wir endlich am Ziel waren, hast du in ihm das pure Leben aufsteigen sehen. Bis heute schwärmt er davon, wie er das geschafft hat. Aber er sagt auch, dass er sich vor dem nächsten Trip genauer anguckt, worauf er sich einlässt.

Wir haben dann in einem Zwischencamp übernachtet, wo sich alle Gruppen trafen, die an diesem Tag auf der letzten Etappe des Inka-Trails unterwegs gewesen waren. Da kamen 80 bis 100 Leute aus der ganzen Welt zusammen, um am nächsten Morgen gemeinsam bei Sonnenaufgang durchs Sonnentor zu laufen. Zum Sonnentor kommen normale Bustouristen nicht hin. Das kann man nur erleben, wenn man läuft. Eigentlich gibt es zwei Sonnentore. Eins für die Sommersonnenwende am 21. Juni und eins für die Wintersonnenwende am 21. Dezember. Beide hatten für die Inkas eine ganz besondere Bedeutung. Man muss wissen, dass die Mayas und die Inkas nie, wie wir heute, nach einer Uhr gelebt haben. Für die hatte Zeit in ihrer Gesamtheit Qualität. Diese Nutzung von Zeit mit instinktiver Präzision begreift man ansatzweise, wenn man da oben ist. Nimm 'nen Igel, 'n Murmeltier und 'ne Fledermaus, die im Sommer aktiv sind und im Winter ihren Winterschlaf halten. Warum machen die das? Weil sie an langen Tagen effektiver leben als an kurzen. Wenn die Sonne auf dich runterbrennt, hast du mehr Energie, weil du Wärme und Licht hast. Im Winter sind die Tage kürzer, kälter und dunkler, und du hast weniger Energie. Die Igel, Murmeltiere und Feldermäuse legen sich dann pennen. Die Inkas haben es ähnlich gemacht. In den dunklen Monaten wurden bestimmte Dinge bei denen einfach nicht getan. Es gab Monate, die nur dafür da waren, bestimmte Feste zu feiern, Dankbarkeitsrituale abzuhalten oder um Sex zu haben. Die Zeit war in Qualitätszeitzonen eingeteilt, und es gab bestimmte Steine, die diese Zeitzonen kennzeichneten. Es gibt bis heute einen Stein da oben, den man nicht berühren darf. Der ist sogar ein esoterischer Wallfahrtsort. Vor diesem Stein stehen Indios und passen auf, dass du ihn nicht berührst. Ich habe da meine Hand drübergehalten und ohne Scheiß Vibrationen gespürt.

Angesichts solcher Erlebnisse und der körperlichen Qualen der Kammüberquerung werden die Machu-Picchu-Ruinen selbst fast zur Randerscheinung. Obwohl auch die unglaublich sind. Es gibt dort Mauern, die aus Steinen bestehen, die alle genau 13 Ecken haben und mit einer Präzision ineinandergreifen, dass du keine Messerspitze dazwischenkriegst. Es wurden Gesteinsarten verbaut, die es in diesem Gebirge überhaupt nicht gibt. Und es wurden Blöcke bewegt, die teilweise bis zu sechs Tonnen wiegen. Unvorstellbar, was da damals abgegangen sein muss. Zumal das Gebiet, das man besichtigen kann, nur der Gipfel ist. Der gesamte Berg war für Hunderttausende von Menschen ausgebaut. Das wird alles gerade erst ausgegraben. Die Archäologen schleifen mit computergesteuerten Maschinen da rum, und wenn sie Glück haben, schaffen sie es, gerade mal eine ganze Hand in die Mauerspalten zu stecken, so exakt wurde da gebaut.

Ich könnte über diesen Inka-Trail noch ewig rumphilosophieren. Und das, obwohl wir nur seine Kurzversion erlebt haben. Die ganze Strecke nehme ich demnächst in Angriff. Sogar Alex will wieder mit.

Jedenfalls musste für all diese Eindrücke ein passendes Tattoomotiv her. Ich wusste erst nicht, was ich typisch peruanisch finden sollte. Die bunten Mützen? Das Lama? Die Kokablätter? Ich kam dann auf typische archaische Symbole. Bei den Inkas war die Welt in eine Unterwelt, eine reale Welt und eine Oberwelt eingeteilt. Die Unterwelt symbolisierte die Schlange und die reale Welt der Gepard. Der Wächter der Oberwelt, in der man später mal ankommt, wenn man im Leben alles richtig gemacht hat, ist der Kondor. Das sind diese Riesenvögel, die in den Anden rumfliegen. Ich hab selber auch welche gesehen. Der hat es am Ende auf mein Sammelbein geschafft. Passt gut zu der Reise und war die vier Stunden Rumgeprokel definitiv wert.

KAPSTADT

Afrika war der letzte Kontinent, der noch auf meiner Reiseliste fehlte. Diese Lücke musste natürlich geschlossen werden. Und wie es der Zufall wollte, gab es in Kapstadt eine Tattoo-Convention, die mich interessierte. Ich wollte da einige Freunde treffen und danach ein paar Tage Urlaub dranhängen. Ein guter Plan, den ich ein bisschen zu laut in die Gegend posaunt habe, sodass ich prompt einen Kameramann am Hacken hatte, der die Reise dokumentieren wollte. Sollte mir aber recht sein. So wurden mir wenigstens Flug und Hotel bezahlt, und den Fernsehzuschauern ein bisschen die Augen über Afrika zu öffnen, fand ich auch nicht ohne Reiz. Als wir ankamen, gab es da allerdings kaum was zum Augenöffnen. Die Stadt war so ungefähr das unafrikanischste, was ich mir vorstellen konnte. Schicke Häuser, schicke Läden, schicke Leute.

Zum Glück war ich da mit zwei zutätowierten Typen verabredet, die uns auch das wahre Leben vor den Toren der
Stadt gezeigt haben. Die sind mit uns in die Townships
gefahren, wo die armen Leute wohnen, weil sie da einige
Hilfsprojekte für Kinder am Laufen hatten. Wieder mal
stieß mir mein Tätowiererdasein die Tür zu einer Welt
auf, die vielen anderen verschlossen bleibt. Und wieder
mal fand ich mich in einer Gegend wieder, die gefährlich
war und die selbst unsere beiden Begleiter nur mit einer
Waffe in der Hosentasche betraten. Aber wie schon in
Mexico City fühlte ich mich irgendwie unverwundbar.
Ich habe dann ein längeres Interview mit einem Town-
ship-Bewohner geführt. Der erzählte mir Geschichten
über die speziellen Papiere und Pässe, die die Leute brauchen, um sich überhaupt in den Townships aufhalten zu
dürfen. Wer diese Papiere bei Kontrollen nicht vorweisen
kann, geht direkt in den Knast. Auf der Straße dürfen
nicht zehn Mann auf einer Stelle beieinanderstehen, sonst
wird absortiert. Der Mann hat zwischendurch geweint
während des Gesprächs, aus lauter Verzweiflung über die
Armut und Unfreiheit, in denen er lebt. Einige seiner Geschichten haben mich echt an den Osten und die Stasi
erinnert. Diese armen Leute werden da in einer Weise fer-
tiggemacht, die beschämend ist.
Irgendwann hab ich den Typen gefragt, ob es in den Townships auch Tätowierer gibt. Da war er ganz begeistert und
meinte: »Klar, gleich hier schräg rüber!«
Also habe ich auch noch den ersten und einzigen Tätowierer in den Townships von Kapstadt kennengelernt.
Auch der erzählte Geschichten, die mir ziemlich bekannt
vorkamen. Natürlich gab es auch hier Schutzgelderpressung, und es gab eine Gang, die seinen Laden beschützte
und deren Mitglieder er dafür umsonst tätowieren muss-

te. Irgendwie scheint das überall auf der Welt gleich zu laufen.

Danach sind wir zurück und haben das komplette Kontrastprogramm gefahren: Ich bin mit weißen Haien tauchen gegangen. Das gibt es nur in Kapstadt, und da ich gerne und viel tauche, konnte ich mir diese Gelegenheit einfach nicht entgehen lassen. Das war auch wieder so ein Grenzerfahrungsding. Der weiße Hai wird uns durch die Filme ja von frühester Kindheit an als das ultimative Biest verkauft, das dir die Beine wegfrisst. Diese Vorstellung steckt auch in mir drin, also hatte ich einen Riesenrespekt vor dieser Aktion, auch wenn das natürlich nicht Tauchen im üblichen Sinne war. Ich bekam einen Taucheranzug an, wurde in einen Käfig gesperrt und mit diesem Käfig ins Wasser geschubst. Das Ding war schon total verbeult, das Wasser eiskalt, und der Wellengang war an dem Tag so heftig, dass unser Kameramann die ganze Zeit kotzend über der Reling hing. Ich hab mich zwischendurch selbst gefragt, was ich da eigentlich für einen Scheiß mache. Obendrein war Januar, also keine Haisaison, und ich sah mich schon unverrichteter Dinge wieder aus dem Käfig klettern.

Ich fing schon an, mich mit dieser Vorstellung anzufreunden, da begannen die Jungs von der Haitauchorganisation, die Viecher anzufüttern. So hing ich da in meinem Käfig, klammerte mich am Gitter fest und wartete auf meinen Hai. Da wurde mir auf einmal klar: Wenn ich mich am Gitter festklammere, sind die Finger ja draußen. Und Haie beißen ja nicht nur Beine ab, sondern geben sich vielleicht auch mit ein paar Fingern zufrieden. Ich hab schlagartig losgelassen, da schoss auch schon der erste Riese heran. Und dann noch einer. Mir wurde später gesagt, dass die ja »nur« drei, vier Meter lang und damit vergleichsweise kleine Exemplare gewesen seien. Mir hat's gereicht. Die Viecher rammten den Käfig, schwammen seitlich vorbei, gaben mir zum Schluss noch einen Hieb mit der Flosse, zogen einen Bogen und kamen wieder zurück. Das sind schon heftige Explosionen, die mir da im Wasser durchs Hirn jagten. Ich hab zwischenzeitlich sogar die Kälte vergessen.

Nach einer Viertelstunde reichte es aber. Ich wurde wieder hochgezogen, und meine Haie verzogen sich. Dann saß ich da und realisierte erst mal, was da gerade abgegangen war. Und dann war mir klar, dass mein nächstes Sammelbeintattoo ein Hai sein musste. Den hat mir Alex am nächsten Tag in der heißesten Mittagssonne auf der Dachterrasse unseres Hotels gestochen. Da kam auch noch der Township-Tätowierer vorbei, und wir haben zusammen gefeiert. Normalerweise werden die armen Leute gar nicht in die schicken Innenstadthotels reingelassen, aber wir hatten den Typen an der Rezeption vorher klargemacht, dass sie keine Probleme machen sollten. Zum Schluss hab ich dem armen Kerl mein ganzes Tattoo-Equipment geschenkt, damit er in seiner kleinen Betonhütte eine vernünftige Ausrüstung hat. Geld hätte er bestimmt gar nicht angenommen. Aber auf ein Solidaritätsgeschenk unter Kollegen hat er sich eingelassen. Mal wieder so ein Tätowiererprivileg.

ZURÜCK IM KIEZ

»Ich bin halt Kiezbewohner.
Ich liebe meine Opis hier, ich liebe
meinen Supermarkt und mein Mini-Café,
und ich kenne die Probleme der Leute hier.«

Wie weit auch immer ich wegreise und wie lange auch immer ich unterwegs war – ich freue mich immer, zurück nach Berlin zu kommen. Hier sind mein erstes Zuhause (meine Wohnung), mein zweites Zuhause (mein Laden) und der Fernsehturm, der zu meinem Leben gehört wie Mick Jagger zu den Rolling Stones. Wenn sie das Teil irgendwann mal abreißen sollten, kette ich mich da dran, und sie müssen mich mit wegsprengen. Ohne kann ich nicht. Ich bin halt Kiezbewohner. Ich liebe meine Opis hier, ich liebe meinen Supermarkt und mein Mini-Café, und ich kenne die Probleme der Leute hier. Ob das der Cafébetreiber ist mit dem Kampf um die Genehmigung, dass er einen Stuhl rausstellen darf, der Mann aus dem Pantoffelladen nebenan, der sich mit traditioneller Handarbeit gegen die Billigschuhketten behauptet, oder ob das der Opa ist, der zu wenig Rente kriegt oder die falsche Spritze. Das sind meine Jungs. Ich bin für die da und die für mich.
Ein Typ aus dem Pflegeheim nebenan kam immer vorbei, hatte nichts zu fressen und sammelte die Kippen aus un-

serem Aschenbecher. Wir haben den schon immer »Nikotinzombie« genannt. Irgendwann bin ich mal zu dem hin und meinte: »Ey, du kannst doch hier nicht immer die Kippen aus dem Aschenbecher sammeln.« – »Ja, was soll ich denn sonst machen?« Da sag ich: »Pass auf. Wenn du mir versprichst, die Kippen nicht mehr aus dem Aschenbecher zu sammeln, geb ich dir jeden Montag fünf Euro für 'ne Schachtel Zigaretten.«

Seit diesem Tag steht der Typ jeden Montag bei Wind und Wetter vor der Tür und holt sich sein verdammtes Zigarettengeld ab. Muss er nicht mehr im Müll wühlen, ist doch herrlich. Solche Schicksale haben wir hier. Das ist auch ein Grund, warum ich mir sage, ich geb mir mein Leben bis zum Verrecken, und dann leckt mich am Arsch. Ich will nicht so enden wie die Typen in dem Pflegeheim.

Ein anderer von denen ist Erich. Von dem sagen meine Leute immer, ich hätte ihn mir gemietet, weil er jedes Mal, wenn er mich sieht, meint: »Mensch, gut siehst du heut wieder aus, Krause. Ganz toller Chic.«

Wenn's mir mal ganz beschissen geht, stell ich mich schon von selbst vorne an die Tür und warte, bis er antippelt und seine Komplimente loslässt. Meist muss ich nicht lange warten. Erich geht exakt dreimal am Tag um den Block, jedes Mal kommt er hier vorbei, und jedes Mal hat er andere Klamotten an. Manchmal ist er sportlich mit Chucks, dann wieder edel mit Hut.

Der Typ ist über 70 und hat ein schweres Schicksal hinter sich. Der hat im Osten im Tagebau gearbeitet, dann haben sie ihn in die Irrenanstalt gesteckt mit Gehirnwäsche und allem Drum und Dran, dann kam er in den Stasiknast. Der hat nur Scheiße erlebt in seinem Leben, aber er beklagt sich nie. Er sagt immer freundlich und respektvoll guten Tag, und wenn er einen Handschuh anhat, wird der zum

Händeschütteln ausgezogen. Zwischendurch kommt er sogar her und schenkt uns 'ne Flasche Schnaps, wo ich immer nur sag: »Erich, lass das bleiben, du hast selber kein Geld.« Und das stimmt. Der Typ ist ein armes Schwein. Der wartet praktisch nur noch darauf, dass sein Leben vorbeigeht. Das Einzige, was er hat, sind seine täglichen Gänge ums Karree.

Der Mann vom Kaffeeladen meckert immer über ihn: »Oh nein, nicht der schon wieder.« Dann sag ich zu dem: »Nun reg dich mal ab, du kleiner Schnappi. Mach dir mal klar, dass du hier Teil von was Gutem bist.« Der wusste natürlich nicht, was ich meinte. Der Punkt ist: Weil der Schnappi in seinem Kaffeeladen steht und da drin das Licht brennen hat, ist für Erich die Welt in Ordnung. Er hat da vielleicht noch nie 'nen Kaffee gekauft, aber er registriert, dass der Laden geöffnet ist. Wahrscheinlich registriert er sogar, dass der Typ da drin steht und über ihn schimpft. Und sogar das ist gut, weil der Alte unterbewusst die Energie spürt, die da unterwegs ist. Dieses Um-den-Block-Gehen, das Tagsagen bei uns, das Vorbeilaufen am meckernden Kaffeemann und das Schimpfen des Zeitungsverkäufers, der ihn wegscheucht, weil er seine Zeitung nicht bezahlen kann, all das bedeutet für diesen Mann, noch zu leben. Wenn hier überall die Lichter ausgingen, würde er den Sinn für sich selbst verlieren.

Weil ich diese Dinge fühle und lebe, habe ich mir nach dem fünften Mal Tagsagen seine Geschichten angehört. Wie er Milchkannen gefahren hat auf dem Land, wie seine Tochter vor ihm gestorben ist, wie er im Tagebau gearbeitet hat und so weiter. Die Geschichten wiederholen sich natürlich ständig und gehen einem irgendwann auch richtig auf den Sack. Aber ich habe so viel Respekt vor diesem Mann, dass ich das für mich behalte und ihm zuhöre. Weil ich merke, dass ihm das was gibt. Der sagt mir nicht umsonst, wie toll ich aussehe. Das ist seine Art, mir zu signalisieren, wie wichtig ich für ihn bin.

Irgendwann hat er mir natürlich auch seine alten Knast-tattoos gezeigt und erzählt, dass er sich irgendwann noch mal ein »Glück auf!« stechen lassen will, weil er das früher im Tagebau immer gesagt hat. Da haben wir uns überlegt, dass wir das einfach für ihn machen. Erst waren wir uns nicht sicher, ob er Medikamente nimmt oder ob es dann Ärger gibt. Andererseits läuft er ja auch frei hier rum. Das Heim ist keine geschlossene Anstalt, und er ist kein Verrückter. Also haben wir ihm dieses »Glück auf!« samt einer nackten Frau auf den Unterarm tätowiert. Erich war happy und ging stolz wie Bolle zurück in sein Heim. Einen Tag später kam eine Pflegerin rüber und legte los, wir müssten fragen, bevor wir so was machen, und dass wir dem alten Mann nicht das Geld aus der Tasche ziehen sollten. Da sag ich: »Erstens ist der Mann ein freier Mensch und kann machen, was er will. Zweitens haben wir ihm das Tattoo geschenkt. Weil der uns mag und wir ihn mögen, fertig, aus.« Da wurde sie ganz verlegen und konnte das erst nicht glauben. Nicht ganz zu Unrecht. Normalerweise tätowiert man nicht umsonst. In der Branche ist das verpönt, weil man damit seinen Marktwert schmälert. Eher wird man immer teurer und teurer und teurer.

Wenn man allerdings doch mal jemanden umsonst tätowiert, dann ist das ein Zeichen der Wertschätzung. Diesen Mann wollte ich wertschätzen. Er hat später noch ein zweites Tattoo bekommen: eine kleine nackte Teufelin mit Stiefelchen. Das vergisst der uns nie.

Der Typ, dieser kleine Mann, ist so krass drauf, dass er bei einem seiner nächtlichen Streifzüge sogar mal ein paar

Jugendliche verscheucht hat, die unsere Fassade be-
schmieren wollten. Dem war scheißegal, ob die ihn abste-
chen oder verprügeln. Wir sind seine Tätowierer, und er
lässt nicht zu, dass ihre Wände beschmiert werden. Bei so
was blutet mir das Herz. Der Mann ist der Einzige hier in
der Straße, bei dem ich auf die Beerdigung gehen würde,
weil mir echt was fehlen würde, wenn der hier nicht mehr
hoch- und runterläuft. Allen anderen im Laden geht's genauso. Wenn Erich mal stirbt, gehen wir geschlossen mit
zwanzig Mann zur Beerdigung. Dann stehen da drei
Omas, ein Pfarrer, eine Pflegerin und zwanzig Tätowierer.
Wird ein kurioses Bild zu einem traurigen Anlass. Hoffen
wir, dass es noch ein bisschen dauert. Aber der Tod macht
vor unserem Laden natürlich auch nicht halt. Dafür gibt
es zwischendurch leider immer wieder Beispiele …

SCHNAUZE HALTEN

»Ich weiß, wann Schluss ist mit Blödeln,
und ich weiß, wann die Leute etwas
ernst meinen. Aber immer, wenn Tod
beim Tätowieren eine Rolle spielt,
stößt du an deine Grenzen.«

E s gibt ja die Sorte Kunden, die beim Tätowieren sagt »Ich mache das nur für mich selbst«. Ganz ehrlich: Das stimmt fast nie. In Tattoos steckt meistens Exhibitionismus drin. Die Leute wollen das zeigen, und sie wollen, dass die Leute gucken. Wer gibt sich schon diese Schmerzen, wenn's hinterher keiner angucken soll.

Am besten ist dieses klassische Muschitattooding, wo die Frauen sagen »Das mache ich nur für mich«. Da muss ich immer richtig lachen. »Wie, und dann stehst du nach dem Duschen noch 'ne Viertelstunde unter der Dusche und guckst dir deine Pflaume an, oder wie meinste das?«, frag ich dann. Dann gucken die mich erst mal schockiert an und wissen nicht, was sie sagen sollen. Aber ich sage: »Ja, wenn wir hier miteinander klarkommen wollen, musst du mich schon mal kurz teilhaben lassen an deinem Leben. Entweder du erzählst mir, was du wirklich haben willst, oder du sagst, du willst nur irgendeinen Schrickschnack, dann mach ich dir auch nur irgendein Tattoo. Wenn du mir aber sagst, du willst dich selbst anders sehen oder du bist geil auf das und das Zeug, kann ich dir dabei helfen, dass das Tattoo auch zu deinen Wünschen passt. Dafür musst du mit mir reden.«

Die meisten nehmen das dankbar an. Die öffnen sich hier, und es kommen geile, intime Dialoge zustande. Die Leute erzählen dann auf einmal Sachen, die sie nicht mal ihrem Therapeuten erzählen. Über sich selbst und über ihren Körper, über ihr Leben und über ihr Tattoo. Und meistens ertappen sie sich irgendwann dabei, dass sie darüber fantasieren, wie der oder der auf ihr Tattoo reagiert. Spätestens dann ist klar: Okay, du machst es vielleicht auch für dich selbst, aber du machst es unterbewusst auch für die anderen. Das ist schon fast eine Regel.

Von der es allerdings eine Ausnahme gibt: Das sind die Menschen, die über Tattoos den Tod eines geliebten Menschen verarbeiten. Die machen das wirklich nur für sich selbst. Die holen sich über den Schmerz Erinnerungen zurück, das hat etwas Meditatives. In solchen Fällen ist in der Regel auch von vornherein klar, dass jetzt Schluss ist mit Blödeln. Wenn eine Kundin vor dir steht und sagt, dass sie nach zwanzig Jahren das Grab ihres Sohnes aufgelöst hat und sich jetzt seinen Namen auf die Brust tätowieren will, damit er dort weiterlebt, dann schluckst du erst mal. Immer wenn Tod eine Rolle spielt, stößt du an deine Grenzen. Ich glaube zwar, dass ich sensibel genug bin, um mit solchen Situationen umzugehen, aber es ist immer wieder hart.

Ich habe selber meinen kleinen Bruder verloren, als ich 16 war. Der Kleine war erst vier, als er gestorben ist. Meine Mutter hatte ihn mit ihrem zweiten Mann bekommen, und ich habe den geliebt bis zum Get-no. Als er drei war, wurde bei ihm ein Tumor entdeckt, und er musste am Gehirn operiert werden. Diese Operation wirkte, als hätte man seine Festplatte gelöscht. Er musste alles neu lernen. Ich habe dem neu beigebracht, mit Messer und Gabel zu essen und eine unheimlich intensive Zeit mit ihm verbracht. Aber dann, ganz plötzlich, fiel er ins Koma. Das war bei uns im Garten in Blankenfelde. Alle schrien hysterisch und waren wie gelähmt. Ich hab den Kleinen nur gegriffen und bin ab mit ihm in die Charité. Aber es war zu spät. Als wir ankamen, war er schon tot. Ich werde das nie vergessen. Diese Machtlosigkeit und diese Wut, die ich in diesem Moment empfunden habe. Solche Geschichten verlassen dich nie, und sie prägen deinen Charakter. Mich sensibilisieren sie außerdem für die Probleme meiner Kunden. Manchmal wissen die noch gar nicht, wie beschissen ihre Situation wirklich ist, während ich das anhand ihrer Erzählungen schon spüre. Manche verrennen sich in ihrem Leid. Da merkst du, wie sie daran kaputtgehen und sich selbst fertigmachen. Manchen kann ich dann sagen: »Ey, gib dir selbst 'ne Chance, und lass die Vergangenheit ruhen. Sieh nach vorn, und hol mal wieder Luft!« Manchmal muss ich allerdings auch einfach nur meine Schnauze halten.

VERMÄCHTNIS

Meine härteste Geschichte war eine Frau aus Dresden. Die machte einen Tattootermin per E-Mail aus. Eine Blume mit 'nem Vogel im Comicstyle wollte sie haben. Für eine Frau Anfang fünfzig ein untypisches Tattoo. Dieser Eindruck bestätigte sich, als die Frau hierherkam. Das war so eine richtig solide Sächsin, die mit ihrem Mann in einem Skoda-Kombi vorfuhr und kurz darauf etwas verloren hier im Laden stand. Ich kam wie immer die Treppe runter, sagte guten Tag und bequatschte dann das Motiv mit ihr. So eine New-School-Schwalbe war das, mit Hibiskusblüten dran und Sternen drumherum. Vom Style her wirklich ein Motiv, wie es sich Frauen Anfang zwanzig stechen lassen. Wo sie's denn hinhaben will, wollte ich wissen. »Auf die Brust«, meinte sie und zeigte mir die Stelle. Der Mann wurde irgendwann ungeduldig und grantig und meinte: »So, ich geh dann mal.« Sie antwortete: »Ja, gut, dann holst du mich später ab.«

Beide waren total nüchtern, keine Spur von Aufregung oder Vorfreude, es war 'ne Stimmung wie bei 'ner Beerdigung. Ich bin dann mit der Frau hoch, hab alles vorbereitet, während sie dasaß und gar nichts sagte. Du hast richtig gemerkt, dass sie nicht nur Respekt vor Tätowierern und dem Laden, sondern auch, dass sie eigentlich gar keinen echten Bock auf Tattoo hatte. Ich wollte die Situation ein bisschen auflockern, und da sie nicht redete, tat ich es halt.

»Mensch, das ist aber untypisch, dass du dir so ein großes Teil tätowieren lässt, oder?«, hab ich gesagt.

Von ihr kam nur: »Ja, ja.« Das war's.

Aber ich bohre dann auch und will's einfach wissen. Erst recht, wenn jemand sich so offensichtlich unwohl fühlt, dass man das Gefühl hat, da wird versucht, das Runde ins Eckige zu kriegen. »Wo hast'n den Entwurf her, der ist ja toll«, fragte ich also.

Da sagte sie zu mir: »Das ist das Tattoo meiner Tochter.«

»Wie, das Tattoo deiner Tochter?«

Sie erzählte dann, dass ihre einzige Tochter exakt vor einem Jahr einen Tattootermin bei mir gehabt hatte. Dieses Mädchen hatte mich im Fernsehen gesehen und war Fan von mir. Die hat ewig bei ihren Eltern gebettelt, dass sie ein Tattoo haben darf. Irgendwann haben sie's erlaubt, sie hat den Termin gemacht und dabei sechs Monate Wartezeit in Kauf genommen. Innerhalb dieser Wartezeit hatte sie eine harmlose Operation. Eine Kleinigkeit, überhaupt nichts Großes. Aber aus irgendwelchen Gründen ist sie nicht wieder aus der Narkose aufgewacht.

Jetzt, exakt ein Jahr nach dem offiziellen Termin, saß die Mutter dieses Mädchens bei mir im Raum und wollte sich das gleiche Motiv stechen lassen. Gegen den Willen ihres Mannes, der überhaupt nicht auf Tattoos stand. Aber das Verhältnis zwischen Müttern und Töchtern können wir Kerle wahrscheinlich schwer begreifen. Diese Frau muss um die Bedeutung gewusst haben, die dieses Tattoo für ihre Tochter hatte.

Ich weiß selber, dass 16-Jährige lange kämpfen müssen, bis sie von ihren Eltern endlich die Erlaubnis bekommen. Dann kriegen die endlich ihren Termin, und die Mutter gibt vielleicht sogar noch ein bisschen Geld dazu, und die Vorfreude steigert sich mit jedem Tag. Für dieses Mädchen war das Tattoo zum Zeitpunkt ihres Todes vielleicht das größte Ereignis, auf das sie hingearbeitet hat. Sie hat es nicht mehr erlebt. Und jetzt wollte diese Frau ihre Tochter damit ehren, dass sie sich an ihrer Stelle tätowieren ließ. Nicht irgendein Motiv, auch nicht den Namen der Tochter, sondern genau dieses Bild mit dem Vogel und der Blume, das ihre Tochter so geliebt hatte. Puh, da musste ich schlucken. Ich bin kurz rausgegangen, hab Luft geholt und nachgedacht, wie ich damit umgehe.

Aber was sollte ich machen? Ich bin reingegangen, hab noch mal gefragt, ob sie das wirklich will, und als sie nickte, hab ich ihr dieses Tattoo mit aller Hingabe gestochen, die ich aufbringen konnte. Ich mag das dann, mit diesen Leuten zusammen zu sein, das, was ich tue, gut und sensibel zu machen und diesen speziellen Moment mit ihnen zu teilen.

Am Ende war die Frau glücklich, hat mich sogar gedrückt. Ihr Mann kam nicht mal mehr in den Laden rein, als er sie abholte. Das war nicht seine Welt, der wollte nur schnell wieder weg. Am liebsten hätte er seiner Frau wahrscheinlich verboten, dieses Tattoo machen zu lassen, aber unter den gegebenen Umständen hat er es akzeptiert. Krasse Geschichte.

KONTAKTAUFNAHME

Einmal kam eine Frau, die wollte sich einen Stern auf die Schulter tätowieren lassen. Einfache Sache eigentlich. Als wir im Tattooraum waren, holte sie ein Bild aus der Tasche und fragte, ob es stört, wenn sie das hier aufstellt. Da hab ich natürlich gefragt, was das Bild bedeutet. In dem Moment fing sie an zu weinen und erzählte, dass das ein Foto von ihrem Kind ist, das vor einem Jahr bei einem Unfall ums Leben gekommen ist. Weiter wollte sie nicht darüber reden, was ich eigentlich schade fand, weil ich ihr Schicksal wegen der Geschichte mit meinem Bruder nachvollziehen konnte. Aber ich hatte natürlich auch Respekt davor, dass sie in einem solchen Moment für sich sein wollte.

Mittlerweile kommt diese Frau seit sieben Jahren immer am Todestag ihres Kindes hierher und lässt sich einen

Stern tätowieren. Das ist inzwischen ein Ritual. Sie kommt freundlich in den Laden, hat auch meistens gute Laune, begrüßt mich mit Umarmung, aber sobald wir den Tätowierraum betreten, herrscht Stille. Und spätestens, wenn das Bild auf dem Tisch steht, wird nicht mehr gesprochen. Meist hat sie auch noch einen kleinen Teddy dabei. Da hängt eine ganz komische Stimmung im Raum. Wie gesagt, ist der Stern eigentlich ein schnelles Tattoo, aber bei dieser Frau lasse ich mir immer sehr viel Zeit. Das dauert eine halbe oder eine Dreiviertelstunde. Ich habe das Gefühl, dass sie in dieser Zeit Kontakt aufnimmt zu ihrem toten Kind. Sie holt sich über den Schmerz Erinnerungen zurück. Vielleicht ist das die intensivstmögliche Kontaktaufnahme zu diesem Kind, das sie geliebt und verloren hat. Diese Frau wollte anfangs eigentlich nur einen einzigen Stern mit dem Todesdatum ihres Kindes haben. Dabei ist das Tätowieren für sie zu einem Erinnerungsritual geworden, das sie nun jedes Jahr wiederholt. Solange wir an einen Menschen denken, lebt er weiter. Die Sterne wandern mittlerweile über ihren ganzen Rücken.

VORREITER

>»Ich hab mir Ami James geschnappt,
und wir sind erst mal vier Wodka saufen
gegangen. Da taute er auf, nach dem fünften
wollte er auch noch was zu kiffen haben,
und ich dachte: Bitte, geht doch.«

Irgendwann klingelte mein Telefon, und Ami James war dran, ihr wisst schon, der Star-Tätowierer aus Miami. Ich hab zuerst geglaubt, da will mich jemand verarschen. Na, wo haben wir die Kamera denn versteckt, hab ich gedacht. Aber nein, er war es wirklich. Ich hatte ihn zwar schon zweimal kurz getroffen – einmal bei meinem denkwürdigen Besuch in Miami vor sechs Jahren, das zweite Mal, als ich selber schon Fernsehen gemacht habe und der Sender einen Kontakt hergestellt hat –, aber beide Male hatten wir keinen wirklichen Draht zueinander. Und jetzt rief der mich persönlich an? Ich meine, dieser Typ ist ein Star. Seine neue Show ist in 122 Länder verkauft worden, und die haben dem in New York einen eigenen 2000-Quadratmeter-Shop dafür gebaut. Das ist der Mann, der die Welt, in der ich heute leben darf, überhaupt erst ermöglicht hat. Er und Kat Von D. sind die Ersten, die mit »Miami Ink« neue Pfade beschritten und dem Thema Tattoo den Weg in den Mainstream geebnet haben. Als die damals in dieses Fernsehding reingepoltert sind, wussten sie noch viel weniger als ich, was auf sie zukommt. Sie waren weltweite Vorreiter. Und dass ich jetzt in Deutschland Vorreiter sein kann, habe ich denen zu verdanken. Abgesehen davon, dass sie alle beide einfach saugute Tätowierer sind.

Kurzum: Dieser Anruf war für mich echt was Besonderes. Aber es kam noch besser. Ami war zu einer Modemesse nach Berlin eingeladen und wollte mich treffen. Es war ein ziemliches Hin und Her, bis es endlich dazu kam, und ich wurde immer aufgeregter, aber irgendwann saßen wir abends zusammen beim Essen – und es war sehr öde. Er war total reserviert, kriegte kaum das Maul auf, und ich dachte, er hat 'nen Stock im Arsch. Irgendwann war's mir zu blöd, ich hab ihn mir geschnappt, und wir sind erst mal vier Wodka saufen gegangen. Da taute er auf, nach dem fünften wollte er auch noch was zu kiffen haben, und ich dachte nur: Na bitte, geht doch. Danach war das Eis gebrochen.

Wir haben dann vier Tage miteinander verbracht, in denen ich ihm eine Menge geholfen habe, weil bei der Messe für ihn nicht alles so lief wie geplant. Irgendwann hat er mir auch erzählt, warum er so reserviert gewesen war. Er erzählte, dass er ständig auf Tätowiererkollegen trifft, die sich mit ihm messen wollen. Die tun dann freundlich, wollen ihm aber eigentlich nur irgendwelche Schwächen entlocken. Auch er hatte die ganze Neidnummer durch, alte Freunde hatten sich seit seiner Fernsehbewegung von ihm abgewendet und lästerten hinter seinem Rücken rum. Auch bei mir war er nicht sicher, wie ich auf ihn reagiere. Unsere »Berlin sticht zu«-Geschichte war ja nicht ansatzweise so groß gewesen wie das, was in Amerika lief und immer noch läuft.

Er hat mich dann eingeladen nach New York, ich hab in seinen Shopapartments gewohnt, und wir sind regelmäßig abgefilmt worden. Er hat auch angeboten, mich zu tätowieren. Der Typ tätowiert sonst nicht unter 2000 Dollar. Aber so krank das klingt: Mir fiel bei ihm einfach nicht das richtige Motiv ein. Hätte es den vor zwanzig Jahren schon gegeben, wäre ich wahrscheinlich noch extra nach New York geflogen und hätte ihm 3000 Dollar samt Bonus auf den Tisch geknallt, damit er mich rannimmt und ich danach damit angeben kann, dass ich ein Tattoo habe, das sonst keiner hat. Aber da bin ich mittlerweile anders drauf.

Also haben wir drei Tage durchgesoffen und uns das Tätowieren gekniffen. Dafür habe ich gesehen, was für eine Riesenmaschinerie hinter dieser »Ink«-Geschichte hängt. Die bauen den Typen immer weiter zur Ikone auf. Der ist der alleinige Star von »New York Ink«, genau wie Kat Von D. mittlerweile der alleinige Star von »L. A. Ink« ist. Klar ist da auch viel Show bei, wie das bei den Amis so ist, aber Fakt ist: Diese Leute haben hart für diesen Erfolg gearbeitet. Für jede Sendung, für jedes Buch und für jedes Imageprodukt, das die an den Start bringen, reißen sie sich den Arsch auf. Davor ziehe ich den Hut. Auch weil es mir selbst mittlerweile Dinge ermöglicht, von denen ich vor zehn Jahren nicht mal zu träumen gewagt hätte. Denn auch ich habe meine eigene kleine Fernsehbewegung dazu genutzt, mich weiterzuentwickeln. Ich hab mein eigenes Magazin gegründet, und ich bin der erste Tätowierer Deutschlands, der einen Laden in einem Shoppingcenter hat. In Berlins schickstem Einkaufszentrum am Alexanderplatz hab ich eine Classic-Tattoo-Filiale eröffnet. Das durchzusetzen war ein ziemlicher Kampf mit dem Centermanagement, aber es hat geklappt, und der Laden läuft wie Sau. Nach der Eröffnung musste ich allerdings sehr bald wieder beim Management antanzen. Angeblich, weil die Gestaltung des Shops zu provokativ war und unsere Banner mit den halbnackten tätowierten Frauen abgenommen werden sollten. Ich hab dann aber erfahren, dass das nur der offizielle Grund war. In Wirklichkeit wollten die uns einfach wieder raushaben aus ihrem Center und den Laden neu vermieten. Aber da haben sie mich unterschätzt.

»Ich weiß gar nicht, was euer Problem ist«, hab ich zu denen gesagt. »Was sich für euch scheiße anfühlt, ist ein erfolgreiches Konzept. Ich schaffe Arbeitsplätze, ich zahl meine Miete pünktlich, und ich gebe euch sogar noch die Möglichkeit, Vorreiter zu sein. In jeder amerikanischen Shopping-Mall gibt es heutzutage Piercingläden und Tattoo-meets-Fashion-Stores, aber hier soll das nicht gehen?« Da saßen diese Krawattentypen vor mir, hatten den Laden unter der Hand schon fast wieder verschachert und bekamen den Mund nicht mehr zu. Dabei hatte ich gerade erst angefangen.

»Wisst ihr was? Ich habe hier einen Vertrag, und ich habe gegen keinen der Punkte, die da drinstehen, verstoßen, also lasst mich in Ruhe, sonst landen wir vorm letzten Gericht. Bei solchen Dingen bin ich ein ultradicker Schädel. Ich stell euch zur Not auch jeden Montag 'ne Demo mit fünfzig Nutten und Rockern vor euer Center, lasse die hier ihre Runden drehen und das Frühstücksfernsehen noch mit der Kamera draufhalten. Leute, ich versprech's euch: Bevor ihr euren ersten Schluck Kaffee schlürfen könnt, habt ihr euch schon dreimal dran verschluckt, weil ich euch hier eine Show vom Feinsten hinzaubere. Wacht mal auf! Ich bin ein Mieter, ich bin ein Mensch, und ich bin nicht bescheuert.« Auch ich hatte lange geackert, um überhaupt zu diesem Punkt zu kommen, da konnten die mich nicht so schnell absservieren.

Diese kleinkarierten Fritzen waren völlig überfordert, als sie merkten, dass da ein tätowierter Typ mit einer komischen Frisur vor ihnen stand, der nicht dumm war wie die Nacht, wie sie es von ihm erwartet hatten. Nein, der konnte sogar reden, sprach Fremdsprachen und war kultiviert. Solchen Leuten muss man tatsächlich noch beweisen, dass tätowierte Leute Menschen sind, die denken können.

Mir machen solche Konfrontationen mittlerweile fast schon Spaß. Und ich finde es lustig mitanzusehen, wie der Tattooladen bis heute in diesem Center sitzt und sich zwischen den ganzen großen Ketten behauptet wie die Gallier gegen die Römer. Für die Angestellten in diesem Edelkaufhaus ist unser kleiner Tattooladen wie die coole Clique vom Schulhof. Jeder findet das geil, jeder bringt 'nen Kaffee vorbei, jeder macht mal Vertretung, wenn wer aufs Pisshaus muss, und alle lieben diese drei zutätowierten Typen, die da arbeiten. Irgendwann hat das sogar das Management gemerkt. Wir scheinen bei denen mittlerweile einen Freibrief zu haben. Vielleicht haben sie gemerkt, wie viel Spaß es macht, Vorreiter zu sein.

KRAUSE-STYLE

»Ich habe mir aus all diesen Versatzstücken
von Religion, Esoterik, Erfahrungen und
Erkenntnissen meinen eigenen kleinen
Mini-Buddhismus zusammengebaut:
den Krauseismus.«

Fassen wir mal zusammen: Ich bin Tätowierer, ich bin Ossi, ich bin Hobbypsychologe, ich bin Kämpfer, ich bin Vegetarier, ich bin Esoteriker, ich bin Vorreiter, und ich bin trotzdem alte Schule. Passt das alles zusammen? Muss wohl. Allerdings ist es immer wieder bemerkenswert, dass ich über meine Optik vor allem erst mal drei Dinge ausstrahle: dicker Arm, zutätowiert und Glatze. Das sind Synonyme für Aggressionen, Gangsterkram und Rechtsradikalismus. Ich will gar nicht verneinen, dass das manchmal auch Vorteile hat. Viele der Dinge, die ich gerade von meinen Reisen erzählt habe, könnte ich vielleicht gar nicht in der Form erleben, wenn ich optisch nicht diesem Gangsterklischee entsprechen würde.

Manchmal nervt es allerdings auch. Vor acht Jahren habe ich einen richtigen Rappel gekriegt und wollte unbedingt raus aus dieser Aggressiver-Rechtsradikaler-Schublade. Einfach weil ich damit nichts zu tun haben will. Ich tätowiere auch keinen Nazikram.

Mit dem Hakenkreuz ist das immer so eine Sache. Manche Leute sehen es ja gar nicht als Hakenkreuz, sondern als Swastika. Das ist ein jahrhundertealtes, positives, hinduistisches Menschheitssymbol. In Sri Lanka hab ich auf einer Straßenkreuzung eine Riesen-Buddhastatue gesehen, zwei mal zwei Meter groß, die über und über mit Riesen-Hakenkreuzen verziert war. Ich hab sofort ein mulmiges Gefühl gehabt, wegen der Nazisymbolik, aber für die Menschen dort ist das ein urreligiöses Motiv. Das ist ihre Swastika. Allerdings tätowiere ich das Ding trotzdem nicht. Hab ich nie getan und werde es auch nicht tun. Ich fühl mich damit ganz einfach nicht wohl.

Mit meiner optischen Abgrenzung von dem ganzen Rechtsradikalenmist war das allerdings ein bisschen schwieriger, denn ich habe nun mal eine Platte. Mir sind halt irgendwann die Haare ausgefallen. Wachsenlassen ging also nicht? Ging eben doch. Zwar nicht oben auf dem Kopf, aber hinten im Nacken. Da habe ich mir einen Zopf wachsen lassen, um wenigstens auf den zweiten Blick nicht mehr das zu sein, was alle auf den ersten Blick erwarteten. Kurioserweise hat sich mit der zunehmenden Länge des Zopfes auch meine Einstellung verändert. Ich habe angefangen, Bücher über Esoterik zu lesen, Reisen gemacht, hab mich mit Religionen beschäftigt und dabei gelernt, dass so ein Zopf in vielen asiatischen Philosophien fest verankert ist. Da geht's um Buddhismus und um kämpfende Mönche und solchen Kram. Ganz viel wird da reininterpretiert. Manchmal sicher auch zu viel, aber für mich persönlich kann ich sagen: Je länger mein Zopf wurde, desto mehr entwickelte ich eine Einstellung, die auch zu ihm passte. Wenn ich mich heute für eine der Weltreligionen entscheiden müsste, wäre es wahrscheinlich der Buddhismus. Dieses Bewusstsein kam aber erst nach der

Entscheidung, den Zopf wachsen zu lassen. Da frage ich mich manchmal, ob das nur Zufall ist oder Vorbestimmung.

Ich bin aber trotzdem kein religiöser Mensch. Ich bin einfach eine weltoffene Sau mit Respekt vor jeder Person, jeder Religion, jeder Einstellung und jedem Aberglauben, die existieren. Ich stecke ja selber in Aberglaubensgeschichten drin. Ich habe zum Beispiel gewisse Kleinigkeiten, die immer an ganz bestimmten Orten sein müssen, und ich habe immer mindestens einen Cent in der Tasche − sogar in meinen Sport- und Badehosen. Diesen Brauch hab ich von meinem Uropa übernommen. Der lebte nach der Weisheit: Wo nichts ist, kommt nichts dazu. Sehe ich genauso. Oder die Kette um meinen Hals: Die trage ich seit 15 Jahren, weil ich glaube, dass sie mir Glück bringt. Ich hab das Ding auf meinem ersten Trip nach Brasilien von einem Mädel geschenkt bekommen, das ich bis heute sehr schätze. Wir dachten erst, wir wären ineinander verliebt. Waren wir aber gar nicht und haben uns beim Vögeln nur totgelacht. Trotzdem oder gerade deswegen war diese Kette ein Geschenk von Herzen. Ich habe sie irgendwann mal abgemacht, weil das Lederband zerrissen war, und prompt hatte ich einen Unfall, bei dem es mir den Ellenbogen zerfetzt hat.

Vielleicht fing die bewusste Distanzierung von dem Gangster- und Rechtenscheiß sogar mit diesem Unfall an. Der ist ungefähr zehn Jahre her. Da kam ich besoffen von einer Party und bin mit meiner Bratwurst an zwei Türken vorbeigelaufen, die auf einer Freitreppe rumlungerten. Die riefen mir dann hinterher: »Arschloch! Nazi! Glatze!« Mir ging das irgendwann auf den Sack, also bin ich die Treppe hochgelaufen und meinte: »Ey, ihr Pisser, was wollt ihr eigentlich?«

Keine gute Idee. Bevor ich überhaupt vor den Typen zum Stehen kam, trat einer mir auf den Hals und der andere in die Fresse, sodass ich diese Treppe zwanzig Stufen runtergeknallt bin. Ich hätte mir dabei auch die Wirbelsäule oder den Hals brechen können. Am Ende war es »nur« der Ellenbogen. Ich kam ins Krankenhaus, wurde operiert, und der Arzt hat gepfuscht, sodass es noch eine zweite Operation gab. Bei dieser zweiten Operation hatte ich meine Kette bereits wieder um und habe mich mit Händen und Füßen dagegen gewehrt, dass sie mir im Operationssaal abgenommen wird. Ich habe da ein Theater gemacht, das war unglaublich. Keine Ahnung, ob sie sie mir unter Narkose doch noch abgemacht haben. Wahrscheinlich, denn trotz der zweiten Operation habe ich bis heute ein nur zu 70 Prozent funktionierendes Ellenbogengelenk.

Aber ich erzähle das eigentlich gar nicht wegen der Kette, sondern weil mir durch diese Geschichte noch etwas ganz anderes klargeworden ist: Alles, was du im Leben an Mist verzapfst, kommt irgendwann zu dir zurück. Ich war früher ein Arschloch. Bis heute weiß ich nicht, wie oft ich in meiner Türsteherphase zugeschlagen und Leuten Verletzungen zugefügt habe. Da musste ich mich nicht wundern, dass so was irgendwann auch mir passiert. Nach dem Zwischenfall mit den Türken kam sogar noch die Polizei ins Krankenhaus und wollte eine Anzeige aufnehmen. Denen habe ich nur gesagt: »Ihr Pisser, verknickt euch.« Für mich war die Sache geritzt. Ich habe nie Reue gehabt, dass dieser Unfall passiert ist. All das Leid und der Schmerz, die ich über Jahre verteilt hatte, kamen jetzt zu mir zurück. Das ist das Resonanzgesetz, das umgekehrt auch im positiven Sinne funktionieren kann.

Auch das merkte ich ein paar Monate später. Ich war in dieser Zeit finanziell ziemlich am Ende, konnte meine

Rechnungen nicht bezahlen und hatte gerade noch drei Zwanziger in der Tasche. Da hat mich auf der Straße eine Frau nach Kohle angequatscht. Der Alten ging es richtig scheiße, das sah man, und sie hat mir echt leidgetan. Sie wollte auch gar nicht viel. Normales Betteln halt, wo es um jeden Cent geht. Weil ich aber sowieso gerade so eine Scheißegal-Stimmung hatte, hab ich dieser Frau zwei von meinen drei Zwanzigern gegeben und bin mit den restlichen zwanzig Lottospielen gegangen. Und was passierte? Ich habe 666 Euro in der Super 6 gewonnen. Ist doch krass. Und es ist ähnlich wie mit dem Zopf. Ich hab diesen ganzen Resonanzgesetzkram erst später gelesen und kapiert, aber passiert ist er mir schon vorher.

Inzwischen lebe ich wirklich danach. Ich habe mir aus all diesen Versatzstücken von Religion, Esoterik, Erkenntnissen und Erfahrungen meinen eigenen kleinen Mini-Buddhismus zusammengebaut: den Krauseismus. Der Krauseismus kommt bei meinen Kunden mittlerweile oft zum Einsatz. Wenn ich Leute bei mir sitzen habe, die sagen, dass alles scheiße ist, dann sage ich zu denen: »Ey, niemand ist daran schuld, dass alles scheiße ist. Selbst wenn jemand dich betrogen hat oder beklaut oder sonst was, bist du am Ende selber schuld. Weil du diesen ganzen Scheiß überhaupt in dein Leben lässt.«

Ich persönlich sage nicht mal mehr, wenn's mir geschäftlich schlechtgeht, dass da ein anderer dran schuld ist, weil er mir einen Scheißdeal verpasst hat. Ich hätte zu dem Geschäft ja auch Nein sagen können. Da muss man auf sein Bauchgefühl hören. Das trügt einen so gut wie nie. Man macht ja manchmal Dinge, obwohl man sich unwohl mit ihnen fühlt, oder man lässt Dinge sein, weil die Vernunft sagt, dass sie falsch sind, obwohl man sich mit ihnen eigentlich wohl fühlt. Totaler Schwachsinn. Man sollte immer versuchen, den zweiten Weg zu sehen, und ihn wenigstens ausprobieren.

Ich habe schon zu Leuten gesagt: »So, wie du hier rumsitzt und mich vollseierst, ist doch klar, dass keiner Bock auf dich hat. Leid und Elend haben wir alle genug. Will doch keiner. Frag dich einfach mal: Wonach strebst du selbst?« Der andere sagt dann meistens: »Nach Glücklichsein, nach Zufriedenheit.« Dann antworte ich: »Ich verrate dir jetzt mal ein großes Geheimnis: Das wollen alle Menschen. Alle wollen glücklich und zufrieden sein. Wenn du das aber selber nicht anbietest, weder deinem direkten Umfeld noch dir selbst, dann kannst du es den Menschen in deinem Umfeld nicht übelnehmen, wenn sie sich nicht in deiner Nähe aufhalten wollen. Mitleid geben sie dir begrenzt. Aber irgendwann wird jeder genervt sein, wenn du ihm immer nur schwere Geschichten auftischst. Du musst bei dir selber anfangen. Geh nicht ins Büro und maule den anderen ein übellauniges ›Guten Morgen‹ entgegen, weil dich die ganze Scheiße sowieso ankotzt, sondern steh morgens früh auf, mach zwanzig, dreißig Liegestütze, und gib dir nach einer warmen Dusche einen kurzen, kalten Duschgang. Danach schüttelst du dich und guckst in den Spiegel. Dann fängst du zum ersten Mal an zu lachen. Weißt du warum? Einfach nur weil du tatsächlich das nachgemacht hast, was ich dir gerade vorlabere. Da lachst du dir einen und denkst: ›Bin ich jetzt verrückt geworden? Jetzt dusch ich schon kalt, weil der Spinner aus dem Tattoostudio mir das gesagt hat.‹ Dieses Lachen nimmst du mit ins Büro und brüllst als Erster, bevor dich ein anderer begrüßt, ›Morgen‹. Und dann pass auf, was zu dir zurückkommt. Dann hast du nämlich drei, die dich bescheuert angucken, aber auch drei, die zurücklachen. Diese drei Typen, die mitlachen, geben dir ein gutes Gefühl. Und dieses Gefühl musst du versuchen, in deinem Bauch festzuhalten, dann schon hast du was verändert. Du hast nur durch einmal kalt duschen was verändert.«

Ich habe echt Kunden hier, die reinkommen und zu mir sagen »Du, ich hab kalt geduscht«. Manchmal kann ich mich gar nicht mehr an das Gespräch erinnern, aber die freuen sich einfach und erzählen, wie sie durch meine Anregungen ihr Leben verbessert haben. Und auf einmal wirken sie auf mich auch gleich viel positiver. Weil sie positive Energien ausstrahlen.

Du strahlst das Negative aus, wenn du kacke drauf bist, du strahlst das Positive ab, wenn du gut drauf bist. Nimm einen verliebten Menschen. Es gibt nichts Geileres, als verliebte Menschen zu beobachten, vorausgesetzt, man lebt nicht im Hass und ist neidisch auf die. Warum ist das so? Weil die Liebe eine positive Energie ist. Wir Menschen sind Biochemie. Wir sind Wasser und Aminosäuren und wir schwingen. Wir schwingen mit den Energien, die wir empfangen. Und wir müssen an uns selbst arbeiten, damit die Schwingungen, die wir aussenden, positiv sind, um auch positive zurückzubekommen. So simpel funktioniert Krauseismus. Und er funktioniert für mich ziemlich gut.

Vor drei Jahren kam bei mir dann noch eine weitere Lebensphilosophie dazu: das Vegetarierding. Ich habe schon immer eine unendliche Liebe zu Tieren gehabt. Von daher wollte ich schon lange ausprobieren, ob ich es schaffe, auf Fleisch zu verzichten, hab das selber aber immer als Macke abgetan. Dass ich irgendwann doch damit angefangen habe, war eine spontane Geschichte. Ich bin nachts aufgewacht und hab drüber nachgedacht, wie es wäre, wenn ich ab morgen vegetarisch leben würde. Und ich konnte erst wieder einschlafen, als der Gedanke in meinem Kopf verankert war, dass ich es tun werde. Mich macht es aggressiv, wenn jemand sagt, Tiere sind dafür da, geschlachtet zu werden. Ich denke, niemand sollte darüber entscheiden, wozu ein Lebewesen da ist.

Ich will da jetzt nicht mit der Ostlernummer kommen oder mich selbst mit 'ner Kuh vergleichen, die geschlachtet wird. Aber wenn du einmal erleben musstest, dass andere über dich bestimmen und darüber, was mit dir passiert, dann weißt du, dass das nicht richtig sein kann. Zum Beispiel im Knast im Osten, wo du nicht weißt, ob du fünf oder zehn Jahre oder für den Rest deines Lebens da drin sitzt, weil du selber keine Macht mehr über dein Schicksal hast. Solche Dinge erlebt ein Mensch sicher anders als ein Tier. Das ändert aber nichts daran, dass auch Tiere denken und fühlen. Das ist mein eigentlicher Punkt dabei: der Umstand, dass wir Menschen uns nicht anmaßen sollten, bestimmte Dinge zu entscheiden.

Ich bin eigentlich nur Vegetarier, um ein Zeichen zu setzen. Das ist der Rebell, der immer noch in mir schläft. Ich verpöne das Fleisch als solches gar nicht, aber ich finde scheiße, dass wir Menschen gar nicht darüber nachdenken, was wir essen und was wir tun. Wir produzieren in hohem Maße über, wir schlachten Tiere, die ein unwürdiges Leben hatten, um danach einen Großteil des Fleisches wegzuschmeißen. Da ist eine total unmenschliche Industrie am Start. Wenn du dich damit auseinandersetzt und dir dann noch Bilder davon verpasst, was auf so einem Schlachthof abgeht, bist du bedient. Ich kann nur jedem raten, mal hinzugehen zu so einem Schlachthof und sich anzugucken, was da passiert. Ich hab's gemacht. Es ist eine üble Sache, wenn du mit ansiehst, wie Kälbchen nach einem Transport vom Hänger gescheucht werden, in der Ladeklappe hängenbleiben und ihnen dann die Schlachter auf den Kopf springen, bis er aufplatzt. Das ist unmenschlich. Und diese Unmenschlichkeit bekommen wir dann hübsch angerichtet auf einem Teller serviert. Abgesehen davon, dass Tiere auch nur aus Aminosäuren und Wasserstoff bestehen und sich die Angst und der Adrenalinausstoß, die ein Tier bei so einer Schlachtung durchmacht, in den Wasserkristallen speichert. Wir essen diese Angst dann quasi mit. Jetzt denken einige wieder, ich bin völlig paranoid, aber darum geht es nicht. Mir geht es einfach darum, den Leuten zu sagen: »Hey, fresst nicht alles in euch rein, sondern überlegt auch mal, was ihr da fresst.« Und redet euch nichts ein. Ich bin auch über diese Brücke gegangen, dass ich nur noch Hühnerfleisch gefressen habe, als Alibi dafür, dass ich das andere Zeugs nicht esse. Dabei sind die Hühner wahrscheinlich am beschissensten dran. Also wollte ich auch kein Hühnerfleisch mehr und dachte mir: Dann iss doch wenigstens Fisch. Aber letztendlich war ein Fisch der Auslöser dafür, dass ich endgültig Vegetarier geworden bin.

Ich war in Thailand unterwegs. Da gibt es eine Barschart, die dazu verurteilt ist, lebendig gegessen zu werden. Ich denke immer, wenn ich ein Fisch wäre, wäre ich wahrscheinlich so ein Barsch. Ich würde da rumschwimmen mit meinen paar Barschmädchen und hätte ein gutes Leben. Aber nun stell dir Folgendes vor: Du bist an einem schönen Sonntagvormittag mit deinen Barschmädels unterwegs, und auf einmal kommt ein Netz und zieht dich aus dem Wasser. Du siehst noch deine Mädels neben dir, aber du weißt genau, du bist im Arsch. Dann reißen die Menschen dir als Erstes die Vorderflossen raus, weil der Barsch ein kräftiger Fisch ist. Dann wirst du in angereichertes Wasser gepackt und auf der Fahrt zum Restaurant rausgeholt und vorbereitet. Die Schuppen werden entfernt, und es wird die ganze Zeit peinlichst darauf geachtet, dass du das überlebst. Dann wirst du geliefert und angeschnitten. Du kriegst ganz kleine Schnitte in deine Haut und kommst in die Küche. Dabei wird immer wieder an deinen Augen kontrolliert, ob du noch reagierst. Am Ende wirst du anfrittiert und als Delikatesse serviert. Die Leute, die dich fressen, checken mit einem Nadelstich in dein Auge, ob du noch lebst, und dann wirst du lebendig gefressen. Und nun sage mir noch mal jemand, dass die Menschen nicht krank sind.

So, jetzt kennt ihr meinen Krauseismus, und ich sehe trotzdem noch so aus wie vorher: dicker Arm, zutätowiert und Glatze. Dass diese Attribute nicht zwangsläufig für Aggressionen, Gangsterkram und Rechtsradikalismus stehen müssen, ist hoffentlich rübergekommen. Vielleicht erscheint einiges dabei auf den ersten Blick kurios. Aber der erste Blick trügt eben manchmal. Und kurios ist mein Job ja auch. Dazu noch ein paar Tätowiergeschichten aus meinem Laden.

DER SKIN

Ich hatte mal einen Skinhead hier, der sich ein bisschen zu wohl gefühlt hat bei mir. Anfangs hat er immer behauptet, er sei Redskin, also von der linken und nicht rassistischen Sorte, aber sein Gelaber deutete eher in die andere Richtung. Ich hab dem zweimal irgendwelche Schwachsinnscomicmotive verpasst, die er selbst gemalt hatte. Danach kam er ständig wieder, bis er mir richtig auf den Sack ging. Das war schon ein halbes Bedrängen. Wahrscheinlich dachte er wegen meiner Optik, dass er in mir seinen Stamm-Nazi-Tätowierer gefunden hat. Ich hab dann immer wieder versucht, ihm durch die Blume zu suggerieren, dass das auf Dauer nichts wird mit uns. Das ging dann immer »Du, das geht nicht«, »Nee, das kostet zu viel« oder »Da hab ich keine Zeit«. Diese softe Tour hat der Typ aber nicht geschnallt. Also hab ich ihm irgendwann gesagt, dass wir nicht zueinander passen und ich keinen Bock habe, drei Stunden mit ihm in einem Raum zu sitzen und mir sein Gelaber anzuhören. Er ließ sich trotzdem nicht abschütteln und stand immer wieder stundenlang unten im Laden rum. Mir hat das schon wegen der anderen Kunden nicht gepasst. Also bin ich doch wieder zu ihm hin und hab gefragt, was er machen will. Diesmal wollte er einen Skinhead-Schriftzug auf die Innenseite der Lippe haben. Er fing auch sofort wieder an, mich vollzuquatschen. Ich hatte echt die Schnauze voll. Also hab ich zu ihm gesagt: »Pass auf, wir haben hier eine neue Tätowiererin, die Daniela, wenn du Bock drauf hast, dann macht die dir das.«

Fand er gut und hat sich gleich hingesetzt. Ich habe ja schon erwähnt, dass Daniela Jüdin ist. Ich hatte sie auch gefragt, ob das für sie okay ist, aber sie war cool damit. Als die beiden fertig waren, hab ich mir das Tattoo dann angeguckt und zu ihm gesagt: »Hey, ist doch toll geworden, was?« – »Ja, voll cool, Alter.« – »Da siehste mal, wozu die Leute aus Israel gut sind. Die Daniela kommt nämlich aus Jerusalem und ist Jüdin, musst du wissen.« Ei-jei-jei, da war Schluss mit dem Redskinmärchen, und er wollte mir eine reinhauen. Er hat's zum Glück nicht geschafft, und er kam danach (ebenfalls zum Glück) auch nicht wieder.

Offenbar musste man ihm auf die grobe Tour kommen, damit er mal kapiert, was los ist. Ich hatte ihm oft genug gesagt, dass wir nicht zusammenpassen. Jetzt musste er sich eben damit auseinandersetzen, dass sein schönes Skinheadtattoo von einer Jüdin gestochen wurde. Das ist dann meine Art, penetranten Leuten zu zeigen, in welchem Schwachsinn sie leben.

DIE KRANKENSCHWESTER

Es gibt auch tätowierte Leute, die hassen die letzten freien Stellen auf ihrem Körper. Ich habe zum Beispiel einen Kunden, der die Waden komplett zutätowiert hat, die Oberschenkel aber noch nicht. Der geht im Sommer nie ins Freibad. Nicht weil er sich für seine Tattoos schämt, sondern für seine blanken Oberschenkel. Solche Leute spielen verkehrte Welt, und mit der zunehmenden Gesellschaftsfähigkeit von Tattoos gibt es ständig mehr von denen. Die wollen's immer doller und immer größer, bis wir Tätowierer denen richtig ins Gewissen reden müssen, dass sie mal einen Gang zurückschalten. Gerade wenn sie noch jung sind. Denn Tattoos bleiben nun mal für immer, und wer sich früh und großflächig die Haut zuknallt, kommt irgendwann an den Punkt, wo der Körper voll ist. Das wurde mir zum ersten Mal richtig bewusst, als eine Frau in meinen Laden kam, die tattoosüchtig war. Die war Krankenschwester, bildhübsch, hatte einen tollen Körper, und sie war mit ihren 23 Jahren schon so stark tätowiert, dass sie gerade ein Jahr Zwangspause hinter sich hatte.

Der eine Arm war bunt, der andere schwarz, der Rücken war komplett zu, ein Bein war zu, oben im Dekolleté fing's gerade an, und der halbe Bauch war auch schon dicht. Seit sie mit 17 angefangen hatte, konnte sie nicht mehr aufhören. Diese Frau hatte sich bis ins kleinste Detail in der winzigsten Ecke ausgedacht, was sie sich tätowieren lässt und hat extra kürzere Sitzungen gemacht, damit sie öfter kommen kann. Sie hatte ihre eigenen Cremes, sie hatte ihr spezielles Pflaster, und sie hat sich komplett reingegeben in diese Welt. Das war ihr Leben. Allerdings stieß sie schon jetzt, mit 23, an ihre Grenzen. Ihren Job als Krankenschwester hatte sie wegen der Tattoos schon verloren. Sie hat dann studiert, aber auch an der Uni sehr viel Ablehnung erfahren, also igelte sie sich immer mehr ein. Dazu kam die ewige Angst davor, dass ihr Körper irgendwann zutätowiert ist, und sie keine Projekte mehr machen kann.

Ich habe zu dieser Frau ein ganz besonderes Verhältnis aufgebaut, weil ich sie sehr mochte und ich mich als Teil ihres Schicksals gefühlt habe. Andererseits war ich bei jedem neuen Termin in dem Zwiespalt, ob ich sie überhaupt weitertätowieren sollte. Wenn sie sechs Monate lang nicht kam, war ich fast froh, weil der Wettlauf gegen die Zeit damit kurzfristig gestoppt war. Ich habe auch immer wieder überlegt, ob ich ihr Denken nachvollziehen kann. Auch ich will noch das eine oder andere machen und merke, dass nicht mehr überall genug Platz ist. Auf dem Sammelbein wird's langsam eng, und ich will echt nicht, dass zu dem Bein noch eine Sammelarschbacke dazukommt. Aber ich denke trotzdem, dass der Motor, warum ich mich tätowieren lasse, bei mir ein ganz anderer ist. Das hat man schon daran gemerkt, dass die Frau nie wirklich darüber gesprochen hat, warum sie das macht.

Sie sprach nur darüber, wie toll sie ihre Motive findet und wie toll sie Tattoos allgemein findet, aber nie, warum und wieso sie damit angefangen hat. Nur die Angst vor dem Moment, wenn alles zu ist, kam immer wieder vor. Vielleicht hat sie ihre Haut gehasst. Ich habe ihr dann erzählt, dass es in Deutschland Psychologen gibt, die stark tätowierte Menschen psychologisch betreuen, wenn sie im Leben Schwierigkeiten bekommen. Und ich habe ihr auch gesagt, dass ich ihr niemals das Gesicht tätowieren werde, weil ich das nicht verantworten kann. Irgendwann kam sie nicht mehr wieder. Ich habe sie jetzt mehrere Jahre nicht gesehen, aber es würde mich echt schockieren, wenn ich dieses hübsche Mädchen irgendwann treffen würde, und ihr Gesicht wäre zutätowiert. Nicht weil ich es selbst nicht schön finde, sondern weil ich weiß, dass sie es nur getan hat, weil ihre Sucht stärker war als sie.

DAS KLOPAPIER

Es kommt bei manchen Motivvorschlägen vor, dass ich denke, die Leute wollen mich verarschen. Das war bei der folgenden Kundin der Fall. Die kam zu mir an den Tresen, ich fragte, was sie möchte, und als Antwort zog sie eine zu drei Vierteln aufgebrauchte Rolle Klopapier aus ihrer Tasche und stellte sie vor mir auf den Tisch. Mein erster Gedanke war: Nein, wir sind hier keine Pachttoilette, und du bist bestimmt auch nicht die Oma, die ihre Klorolle immer unterm Strickmützchen versteckt hat, falls sie im Wald mal kacken muss. Also: Willst du mich verarschen?

Andererseits sah diese Frau aber überhaupt nicht nach Krawallschwester aus. Sie war Anfang dreißig, ziemlich bieder und hatte ein gepflegtes Äußeres. Körperlich war sie nicht unbedingt die Rakete, die man sich tanzend an der Stange vorstellt, aber sie wirkte nett, solide und ausgeglichen. Ich glaube, sie arbeitete in einer Arbeitsagentur und war wohl lesbisch. Aber ganz egal, was sie am Ende war: Sie hatte den Spleen, dass sie das ganze Bein, vom Hintern bis runter zum Zeh, in exakter Reihenfolge das Muster von diesem Klopapier tätowiert haben wollte: ein Vogel, 'ne Blüte, noch ein Vogel, 'ne Blüte, noch ein Vogel, ein Ast. In dieser Reihenfolge wollte sie das tätowiert haben. Ich hab das anfangs nicht kapiert, weil sie sich so unglücklich ausdrückte, aber irgendwann fiel der Groschen, und ich machte meine Witze: »Also, du willst jetzt definitiv dein Klopapier tätowiert kriegen, ja?«

Das war eine dieser Situationen, wo du automatisch guckst, ob irgendwo 'ne versteckte Kamera hängt. Aber die Frau meinte das völlig ernst. Also notierte ich den Termin in meinem Buch mit »Vögel, Klopapier«. Sie musste drei, vier Monate auf den Termin warten. Als der Tag da war, hatte ich die Geschichte schon wieder vergessen. Ich fragte also meinen Shopmanager, wer mein nächster Termin war, schlug meinen Kalender auf und las laut vor: »Vögel, Klopapier!«

Dann guckte ich hoch – und da saß diese ganz normale, solide Frau auf dem Wartesofa, streckte den Arm hoch wie in der Schule und rief: »Ja, hier!« Ich bekam spontan einen Lachkrampf.

Aber gut, wir haben angefangen zu tätowieren. Wir hatten vier Sitzungen angesetzt, weil das eine Menge Arbeit war. In der ganzen Zeit hing an meiner Wand dieser Streifen Klopapier, sodass ich von meinen Kollegen ständig angesprochen wurde, ob das meine Notreserve ist. Da wird dir erst mal wieder bewusst, was für verrückte Sachen die Leute teilweise von Tätowierern wollen. Da ließ sich eine Frau allen Ernstes ihr Scheißhauspapiermuster tätowieren. Ich kam damit nicht klar. Ich selber gucke überhaupt nicht hin, was mein Klopapier für eine Musterung hat. Okay, ich hab zu Hause eine Klorolle stehen, die sieht aus wie eine Rolle Dollarscheine. Wenn's mir mal ganz beschissen geht und ich unsere Gesellschaft mal besonders verachte, dann wische ich mir damit den Arsch ab, und gut ist. Bei dieser Frau war das anders. Ich hab noch nie was von einem Klopapierfetisch gehört, aber wahrscheinlich gibt es auch so was.

Also kam ich ein paar Wochen später wieder mit der Frage die Treppe runter »Wer ist mein nächster Termin?«, um dieses Mal direkt zugerufen zu bekommen: »Ich, das Klopapier!« Wenn man sich vorstellt, dass eine erwachsene Frau sich mit Anfang dreißig selbst auf ein Stück Klopapier runterreduziert, stellt man schon mal die ganze Welt um sich herum in Frage. Und wenn man sich dann vielleicht noch vorstellt, dass diese Frau später auf dem Amt sitzt und den Leuten ihr Arbeitslosengeld genehmigt, merkt man mal wieder, wie bekloppt wir eigentlich alle sind. In meinem Gedächtnis wird diese Frau für immer und ewig als »Das Klopapier« eingebrannt sein. Das ist überhaupt nicht negativ gemeint, das ist einfach nur das Klopapiersiegel.

»Mit dem Niedergang des Arschgeweihs
vor fünf Jahren wurde immer wieder
das Ende des Tattoohypes heraufbeschworen.
Und was ist seitdem passiert?
Die Tattoobranche ist explodiert.«

Zum Schluss noch mal zu der beliebten Frage, ob der Tattoohype nur ein Trend ist. Die Antwort ist für mich ganz klar: Nein, ist er nicht. Ich kann das auch erklären. Wir erinnern uns doch alle noch an das Arschgeweih. Genau, das Arschgeweih, das sich bis vor fünf Jahren jede zweite Tattookundin auf den Steiß hat tätowieren lassen und das heute direkt nach dem Blondinenwitz kommt. Ich persönlich finde es ja unfair, dass das Ding so zerknetet wird. Das ist eine Tätowierung, die hawaiianische Ursprünge hat, sie hat meist 'ne V-Form, betont die Silhouette der Frau und hat deswegen immer eine gewisse Erotik. Dieser Effekt bleibt auch erhalten, wenn die Frauen mit den Jahren ein bisschen dicklicher werden. Für mich persönlich hat das viel mehr Stil als die kleinen roten Teufelchen, die eine Zeitlang auch jede dritte Kundin haben wollte und über die man sich am Ende wirklich nur noch totlachen konnte.

Aber was ich sagen will: Mit dem Niedergang des Arschgeweihs vor fünf Jahren wurde immer wieder das Ende des Tattoohypes heraufbeschworen. Und was ist seitdem passiert? Die Tattoobranche ist explodiert. Die Anzahl der Läden hat sich verzehnfacht, das Fernsehen hat das Thema für die Öffentlichkeit zugänglich gemacht, und Statistiken besagen, dass zehn bis zwölf Millionen Menschen in Deutschland tätowiert sind. Da kann man nichts mehr zurücksteuern.

Heute werden die Jugendlichen schon mit 13, 14, 15 mit Tattoos konfrontiert. Sei es im Fernsehen, bei ihren Idolen oder über Werbeplakate. Die fangen früh an, darüber nachzudenken, und wenn es dann um Möglichkeiten geht, wie sie sich individuell machen können, werden Tattoos ganz selbstverständlich in diese Gedanken mit einbezogen. Als Tätowierer merkt man das daran, dass die Jugendlichen immer konkretere Vorstellungen von ihren Motiven haben und immer kreativer werden. Heute gibt es Tätowierungen, bei denen ein Vogel mit 'ner Bombe unterm Flügel im Käfig sitzt, während ringsrum rosafarbene Schneeflocken runterfliegen. Alles in einem Bild. Da hätte ich vor zehn Jahren gefragt, was das für ein Schwachsinn sein soll. Damals herrschten noch ganz andere Regeln. Man kombinierte bestimmte Stile nicht, die Tattoos mussten unbedingt Coolness ausstrahlen, und die Motive mussten ernst gemeint sein. Heute herrscht da die Freiheit der Kunst. Das größte Schwachsinnsmotiv kann durch eine gute Umsetzung zu großer Kunst werden. Genau wie das schönste Motiv durch eine schlechte Umsetzung zum Scheißtattoo wird. Darüber sind sich die Leute heute viel bewusster, deshalb spielen sie mehr mit diesen Aspekten.

Für die Tattoobranche bedeutet das, dass sie sich komplett neu sortieren wird. Das wird wie in der Gastronomie: Wenn du in ein nobles, teures Restaurant gehst, zahlst du ein paar hundert Euro für ein exklusives Essen, und bei McDonald's kriegst du 'nen Cheeseburger für einen Euro. So ähnlich wird das mit Tattoos auch werden. Es wird die extrem billigen Arschgeigen geben, es wird die ganz großen, teuren Künstler geben, und es wird eine Mittelklasse geben. Der Unterschied zwischen denen, die nur Schablonen machen oder abpausen, und denen, die richtige Kundenbetreuung, eigene Entwürfe und echte Handarbeit anbieten können, wird mehr ins Gewicht fallen. Es werden neue Kunststile wachsen, alles wird mit allem kombiniert, in jeder Farbe und an jeder Körperstelle, und es wird keine Grenzen mehr geben. In dieser Bewegung werden die alten Hasen, die sich heute noch als Subkultur feiern, nur noch Randerscheinungen sein. Sie werden weiter ihre Stammkunden haben, aber neue Kunden zu gewinnen wird angesichts der Schwemme von guten Tattooläden schwierig. Ich bin ganz froh, dass ich zwischen den Polen stehe und von beidem etwas mitnehme. Zum Glück war ich aufgeschlossen genug, die Zeichen der Zeit zu erkennen und diese Bewegung mitzugehen, aber es ist mir auch recht, wenn ich irgendwann einen Gang runterschalte und den Nachwuchs ranlasse. Die jungen Mädels brauchen ja auch einen knackig gestylten Typen, der nachrückt, da muss ich nicht noch mit fünfzig hier rumwackeln. Irgendwie gehöre ich ja mittlerweile auch zum alten Eisen. Da war ich mir lange gar nicht drüber bewusst. Wie ruhig und solide ich mittlerweile eigentlich bin, merkte ich eigentlich erst, als ich Ansger kennenlernte ...

Ansger kam vor drei Jahren zu uns in den Laden und wollte eine Piercerlehre machen. Er war 19 und studierte zu der Zeit Chemie, sodass wir ihm erst mal abgeraten haben. Das machen wir mit den meisten Bewerbern. Nicht weil wir unsere schräge Welt nicht mit ihnen teilen wollen, sondern weil das Tätowierer- und Piercerleben auch hart und unsicher ist. Selbst wenn man seine Sache gut macht, bedeutet das nicht, dass man deswegen auch gut Geld verdient damit. Man muss kämpfen können. Ansger hat gekämpft. Der kam ein halbes Jahr immer wieder bei uns an, hat sich immer wieder von uns auf die Finger hauen lassen und stand ein paar Wochen später trotzdem wieder auf der Platte. Also haben wir ihn irgendwann doch genommen.

Piercen ist genauso wenig ein anerkannter Berufsstand wie Tätowieren, obwohl es sogar noch schwieriger ist. Beim Tätowieren musst du erst mal nur ein gewisses Zeichentalent mitbringen, beim Piercen musst du Anatomiekenntnisse haben. Du stichst mit der Nadel durch die Haut und kannst dabei Nerven oder Muskeln verletzen. Die Verantwortung ist noch größer.

Ansger ließ sich davon nicht abschrecken. Der fing bei uns an und war megamotiviert. Jeden Tag war er 13, 14 Stunden im Laden, der hat geschrubbt, der hat geputzt, der hat sich nicht unterbuttern lassen. Er hat ein Zertifikat nach dem anderen gemacht, hat an Kunststoffnasen und -ohren das Piercen geübt und für uns Aufsätze über Anatomie geschrieben. Außerdem war er so gerade und loyal, wie ich selten einen Typen gesehen hab.

Auf der anderen Seite habe ich allerdings auch selten jemanden gesehen, der so verrückt ist wie er. Für mich ist das Jackass-Ansger. Er und seine Kumpels kaufen sich zum Beispiel Riesenbockwürste, um auszuprobieren, wie es sich für die Weiber anfühlt, wenn sie beim Blasen den Schwanz schlucken müssen. Oder sie machen 'ne Wette, und der Verlierer muss 'ne Partytube Senf auf ex verdrücken.

Ansger stammt aus einer Kleinstadt. Da spielt also auch die Nummer rein: endlich in Berlin, hurra, jetzt wird gefeiert. Der Typ gibt sich richtig hardcore das Brett. Er hatte am Anfang kein einziges Tattoo und kein einziges Piercing. Mittlerweile muss er sich, wenn er zu Weihnachten nach Hause fährt, erst mal stundenlang entnieten, damit seine Oma keinen Herzinfarkt kriegt, wenn sie ihn sieht. Der hat allein 20 Piercings im Gesicht, er hat Implantate im Körper, und er hat sich mit Bodymodification seine komplette Brust zerschnippeln lassen.

Bei Bodymodification schneidet man mit einem Skalpell drei Millimeter dicke Hautstreifen aus dem Körper, macht daraus ein Muster oder ein Bild und lässt das Ganze danach abheilen. Die Narben ziehen sich mit der Zeit glatt, und das Muster bleibt als helle Spur auf der Haut zurück. So was ist jetzt modern.

Ansger bietet mittlerweile selbst Bodymodification an. Ich kam mal in seinen Raum rein, als er gerade dasaß mit einer Kundin. Das sah aus, als wären zwei Vampire am Werk. Sie grinste, er grinste, überall lagen die kleinen Hautstreifen rum, alles war voller Blut, und mir ist kotzübel geworden. Das war mir zu heftig.

Ähnlich geht es mir mit seinen Tattoos. Er hat sich zum Beispiel eine Muschi unter die Achsel tätowieren lassen. Noch mal zum Mitschreiben: Ansgers Achselhöhle ist eine Fotze. Da muss man erst mal draufkommen. Oder seine Schulter: Da hat er einen Telefonhörer drauftätowiert. Wenn ihn die Leute in seiner WG mit Aufräumarbeiten nerven wollen, dann zieht er die Schulter hoch, legt sein Ohr an den Tattoo-Hörer und sagt »Ich kann grad nicht, ich telefoniere«. So geht das weiter: Auf der Arschbacke hat er ein Pin-up-Model, das bis zur Niere hochgeht. Wenn er 'ne Hose anhat, siehst du den geilen Oberkörper von dieser Pin-up-Frau über dem Gürtel. Aber wenn er die Hose runterzieht, kommt auf der Arschbacke der Rest von der Alten zum Vorschein, die pinkelnd an 'nem Baum hockt und sich grad den Hintern abwischt.

Vor zehn Jahren hätte ich bei so einem Typ gesagt, der ist urbekloppt. Ist er aber gar nicht. Der ist intelligent, der ist fleißig, der strebt beharrlich seinen Zielen entgegen. Da kann man nicht nur den Freak sehen. Man muss auch sehen, dass da jemand mit aller Konsequenz und gegen jede Regel seinen Traum lebt und verfolgt. Er überzeugt damit auch alle.

Seine Mutter war anfangs total dagegen, dass er die Piercerlehre macht. Sie kam mal in den Laden, um zu sehen, wo ihr Sohn arbeitet. Sie zog ein Gesicht, als wenn ihr gerade jemand die Handtasche geklaut hätte. Ansger stellte mich ihr voller Begeisterung vor, ich hielt ihr die Hand hin zum Tagsagen, und was macht die Frau? Sie dreht sich um und geht weg. Für die verkörperte ich alles, was sie ablehnte. Für die war ich schuld, dass ihr Sohn aus seiner Heimatstadt weggezogen ist, mein Äußeres passte ihr sicher auch nicht, und dass Ansger zum Piercingfreak statt zum Chemieprofessor geworden ist, ging wahrscheinlich auch auf meine Kappe.

Mittlerweile haben wir aber ein freundliches Verhältnis. Ich schätze diese Frau, weil sie ihren Sohn trotz aller Skepsis immer unterstützt hat und beinhart zu ihm steht. Sie hat erkannt, dass ihr Sohn glücklich ist mit dem Leben, das er hier führt, und sie akzeptiert, dass er nicht bereit ist, in Krämpfen zu leben, nur weil irgendwelche Normen es von ihm verlangen. Damit ist sie vielen Leuten, die Tattoos oder Piercings strikt ablehnen, einen weiten Schritt voraus.

Wenn Ansger später mit fünfzig mal irgendwo sitzt, sich an die Mitbewohner aus seiner WG erinnert und auf seinen Telefonhörer auf der Schulter guckt, lacht der sich wahrscheinlich tot und hat sofort vor Augen, wie durchgeknallt er damals war. Im Gegensatz zu vielen Alten von heute, die ihre Hippievergangenheit höchstens noch über Fotos nachvollziehen können – wenn sie denn überhaupt eine hatten.

In der alten Tattoo-WG von meinem Stammtätowiererfreund Alex wurde dieses Keine-Zwänge-keine-Regeln-Ding auch voll durchgerockt. In der Bude hatten sich vier Tätowierer zusammengetan, die keinen Bock hatten, fest in einem Laden zu arbeiten. Die haben sich ihre Kunden in die Wohnung kommen lassen, wenn sie Lust aufs Tätowieren hatten, und sie haben nur Leute tätowiert, die sie selber mochten. Eben völlig ohne Zwänge. Und ohne Regeln. Diese Partys sind regelmäßig ausgeartet. Im Erdgeschoss war zum Beispiel ein Thaipuff, und immer wenn Tattookunden mit viel Geld da waren, haben sie sich gegen elf, zwölf Uhr nachts von den Nutten Cocktails hochbringen lassen. Am Ende standen da zwei Pornodarsteller, zwei Thainutten und vier Tätowierer, alle waren nackt, alle waren blau, und alle machten Rudelbumsen. Der eine Pornodarsteller ließ sich den Schwanz tätowieren, wurde von einer der Nutten zwischendurch angeblasen, und die Tätowierer haben sich beim Arbeiten auch noch einen lutschen lassen. Eine Zeitlang stand so ein Tattoo-Rudelfick ganz oben auf der Liste der Dinge, die ich in meinem Leben unbedingt noch machen muss. Mittlerweile bin ich nicht mehr so dahinter her. Ich hab auch so ganz gut was durch. Von den Oranienburger-Straße-Nutten, die dachten, sie könnten ihr Tattoo mit 'nem Blowjob bezahlen bis zu Frauen, die beim Ficken erst in Stimmung kamen, wenn ich ihnen die grobe Kelle verpasst und sie gewürgt habe. Manche Frauen brauchen es hart, und wenn die einen Typen wie mich treffen, sehen sie in ihm erst mal all die Roheit und die Gewalt, nach der sie sich sehnen.

Völliges Missverständnis. Wenn diese Frauen wüssten, wie ich meine heutige Freundin kennengelernt habe, würden sie sich wahrscheinlich unter den Tisch verkriechen. Die kam in den Laden und wollte ein Tribal auf den Bauch tätowiert haben, eine Geschichte, für die ich heute anderthalb Stunden brauchen würde. Aber bei ihr hat's vier Sitzungen lang gedauert. Ich hab extra viele Termine geschrieben, damit sie wiederkommen muss, weil ich echt scharf auf sie war. Nach einem Termin hatten wir ein geiles Gespräch. Ich hab den Checker raushängen lassen, den ganz Dicken markiert und mich voll ins Zeug gelegt. Schien zu wirken. Sie grinste mich immer so niedlich an, sodass ich mich nach dem Gespräch richtig gut gefühlt habe und sicher war, dass ich bei der Frau landen kann. Später hat sie mir erzählt, dass sie nur deshalb grinsen musste, weil mir während des Gesprächs die ganze Zeit ein Popel aus der Nase hing. Zum Glück hat sie's für sich behalten, sonst wären wir heute nicht zusammen. Manchmal muss man sich eben erst zum Vollidiot machen, um zum Ziel zu kommen.

Alles in allem glaube ich, dass es im Leben dazugehört, jede Etappe mitzunehmen. Von Partyexzessen über krasse Sexgeschichten über verkackte Projekte, abgedrehte Reisen und schräge Bekanntschaften. Wenn man da angekommen ist, dass man das Leben nur noch an der eigenen Zufriedenheit misst, dann ist das für mich Erfolg. Ich persönlich habe die meisten Ängste im Leben verloren. Wenn ich jetzt, in diesem Moment, tot umfallen würde, hätte ich genug erlebt, dass es für zehn Leben reicht. Vielleicht auch für zehn Bücher. Aber es ist auch ein gutes Gefühl, schon mal das Erste fertigzuhaben. Für alle, die es nämlich noch nicht gemerkt haben: Wir haben Seite 200 schon lange hinter uns gelassen. Ich hab das Buch vollgekriegt. Oma Hilde staunt Bauklötze, meine Kritiker ärgern sich die Pest an den Hals, die Opas auf der Wolke lachen sich einen. Und eure Pulle ist mittlerweile sicher leer, und ihr müsst Nachschub holen. Habt ihr euch nach all meinem Gelaber wirklich verdient. Hoffentlich ist einigen klargeworden, wie viele Emotionen in Tattoos stecken können. Und dass sie mehr sind als nur ein Trend. Ich halte zumindest schon mal einen Termin für Oma Hilde und den Firmenboss frei. Alle anderen kommen sowieso.

Also, Leute, wir sehen uns. Ihr wisst ja jetzt, wo ihr mich findet.

DANK

Versuche, dich von deinen Ängsten zu befreien, dich auf deine Gedanken zu konzentrieren, deine Träume zu leben, und du wirst zu allem, was du willst.

Ich danke dem Universum, dass es funktioniert.

Ich danke Ulf, dass er an mich geglaubt hat, ich danke Christian, dass er mich verstanden hat, und ich danke meinem Baby, der wahrscheinlich tolerantesten Frau der Welt!

BILDNACHWEIS

INHALT